Antoine de la Garanderie/Daniel Arquié
LERNERFOLG IST LERNBAR!

Antoine de la Garanderie
Daniel Arquié

LERNERFOLG
IST LERNBAR!
Wie Eltern ihre Kinder
unterstützen können

Aus dem Französischen von Roswita Schmit

ARISTON

Die französische Originalausgabe erschien 1994 unter dem Titel
Réussir ca s'apprend. Un guide pour tous les parents,
bei Bayard Éditions

Die Deutsche Bibliothek – CIP-Einheitsaufnahme
Garanderie, Antoine /de la:
Lernerfolg ist lernbar: wie Eltern ihre Kinder unterstützen können
Antoine de la Garanderie, Daniel Arquié – Kreuzlingen ; München:
Hugendubel, 2000 (Ariston)
Einheitssacht.: Réussir ca s'apprend <dt.>
ISBN 3-7205-2106-0

Umschlaggestaltung: Zembsch' Werkstatt, München,
unter Verwendung eines Fotos von Tony Stone, München

Produktion: Maximiliane Seidl
Satz: Verlagsservice G. Pfeifer/EDV-Fotosatz Huber, Germering
Druck und Bindung: Huber, Dießen
Printed in Germany

ISBN 3-7205-2106-0

Inhalt

II. Teil:
Jetzt sind Sie an der Reihe! 105

Vorwort

Lernen – so leicht wie Ein- und Ausatmen?

Lernen ist so selbstverständlich wie Atmen – wir denken selten daran, denn der Mensch ist ein einmalig lernbegabtes Wesen und vieles wird nahezu automatisch aufgenommen. So wie uns erst ein Seitenstechen darauf aufmerksam macht, dass wir falsch atmen und die Atemtechnik ändern sollten, führen uns oft erst Lernblockaden zu Bewusstsein, dass wir etwas falsch machen und wir so aus dem Lot geraten sind.

Das ist das Thema des Buches von Antoine de la Garanderie: Lernen ist ein natürlicher Vorgang: Nur durch falsche Lerntechniken, nicht zuletzt im Schulalltag, wird er häufig eher behindert als gefördert. Nicht wenige Kinder verlernen das Lernen wieder – sie werden »aufsässig« oder mutlos und ziehen sich in sich selbst zurück. Eigentlich wäre es Aufgabe der Schule, den Entwicklungsprozess so zu unterstützen, dass sich jede Persönlichkeit entsprechend ihrer Fähigkeiten entfalten und konstruktiv und aus eigenem Antrieb mit den Herausforderungen des Lebens auseinander setzen kann. Hier werden die Weichen für den ganzen Lebensweg gestellt – doch nicht selten ist die Schulzeit Leidenszeit.

Eltern als Lernberater

Garanderie erhebt an dieser Stelle seine Stimme: Unser Kind ist nicht alleine! Da sind auch noch wir Eltern als Lernpartner mit der Bereitschaft zu Liebe und Zuneigung. Nur reicht der gute Wille allein nicht aus. Viele von uns sind nur unzureichend darüber orientiert, wie sie ihren Kindern helfen können, das Lernen selbst in die Hand zu nehmen. In seiner klaren, verständlichen Sprache beschreibt Garanderie, was Eltern brauchen, um den Kindern Berater und Begleiter zu sein.

Eigeninitiative und Selbstkontrolle

Garanderie zeigt, wie unterschiedlich Lernen vonstatten gehen kann. Jedes Individuum entwickelt, wie langjährige Forschungen im Bereich Intelligenz und Lernen nachgewiesen haben, seine eigenen Zugangsweisen zu Wissen und Erfahrung. Wir lernen mit unterschiedlichem Lerntempo und mit oftmals speziellen Strategien. Korrekturen sind nur da angemessen, wo das Kind seine eigenen Strategien offensichtlich falsch einsetzt. Der eigentliche Weg besteht darin, ihm aufzuzeigen, wo seine Stärken liegen. Mit jeder erfolgreich bewältigen Problemsituation kann das Kind seine Fehler oder auch Schwächen mit mehr Realismus beurteilen und mit größerer Motivation angehen. Garanderie: »Die Familie sollte den Kindern zwei Kardinaltugenden vermitteln, deren Verbindung ihre Stärke ausmacht: Eigeninitiative und Selbstkontrolle.« Sein Ziel: »Erziehung zur Mündigkeit« für

Menschen, die auf ihre Stärken bauen, ohne über ihre Schwächen zu fallen.

Eigenverlangte Leistung

Insofern ist das Programm Garanderies durchaus leistungsorientiert. Nur geht es ihm um die selbstgewollte Leistung, um dasjenige »Beste«, was jede/r von uns individuell zu geben hat. Dazu ist dreierlei notwendig: die Ausbildung und Entwicklung des Willens, der Erwerb von Wissen und die Förderung der Wahrnehmung. Wir gehen davon aus, dass es sich hierbei um drei gleich starke Pfeiler des Lernens handelt. Wenn Wille und Wahrnehmung die Initiative und die realistische Selbsteinschätzung beitragen, bleibt Wissen kein theoretisches Abstraktum, sondern kann als Werkzeug für das Lösen von Problemen eingesetzt werden.

»Erst die Arbeit, dann das Spiel«?

Damit hängt ein weiterer Grundsatz zusammen: der Verzicht auf das Vertrösten, das uns allen aus der Redewendung »Erst die Arbeit – dann das Spiel« geläufig ist. Zwar: Das Gelernte braucht eine Reifezeit, in der es sich in seiner ganzen Tiefe entfalten kann. Aber es sollte für das Kind von Anfang an verständlich sein. Dieser Ansatz fordert also: Lernen muss die Sinnhaftigkeit in den Anforderungen des Hier und Jetzt entfalten. Nicht jeden Schritt im Fortgang des Lernens kann – und braucht – das Kind als lustvoll zu empfinden; aber es sollte immer einen, oder bes-

ser: seinen unmittelbaren Zugang zu Vorgehensweisen und Inhalten finden können. Hier lautet eine wesentliche Strategie Garanderies, Aufgaben gemeinsam so zu bearbeiten, dass das Kind sich als befähigt
erfahren kann, selbstständig Probleme zu lösen.
Nicht die Erledigung von Aufgaben ist mithin das
Ziel, sondern die Erweiterung und Vertiefung von
Kompetenzen.

Noch ein Ratgeber?

Garanderie, der in Frankreich bereits seit Jahrzehnten
publiziert, ist im deutschsprachigen Raum noch weitgehend unbekannt. Auch für uns bedeutet dieses
Buch eine Entdeckung. Es war eine Gruppe von jungen Lernberatern der Schule für Beruf und Weiterbildung (SBW) Romanshorn unter der Leitung von
Claude Stucki, die uns den Autor und seine Ideen na-
hebrachten. Neugierig geworden, stießen wir auf sein
jüngstes, gemeinsam mit einem Vater (und Unterneh-
mer) verfasstes Buch, das hier unter dem Titel *Lernerfolg ist lernbar* zum ersten Mal ins Deutsche übersetzt wird.

Wir waren ebenso verblüfft wie erfreut, wesentliche Ideen einer befähigungsorientierten Pädagogik bei
Garanderie in unverbrauchten Formulierungen wieder zu finden. Ausschlaggebend für die Initiative, das
Werk für eine deutsche Übersetzung vorzuschlagen,
war aber noch ein anderer Punkt. Im Austausch mit
Eltern stellten wir nämlich fest, dass Garanderie mit
seinem Buch über effektive Lerntechniken nicht nur
einen Nerv der modernen Bildungsforschung trifft,

sondern wirklich eine Lücke in der an Ratgebern ja nicht armen Erziehungsliteratur schließt.

Im Laufe der 90er Jahre sind die sogenannten neuen Lernformen, das selbständige Lernen nach Wochenplan und Stichworte wie Werkstatt- oder Projektunterricht immer mehr Allgemeingut geworden. Die Forderung nach dem Lernen-Lernen gehört zum Repertoire jeder Bildungsexpertin. Wiederholt hat man sich auch mit dem Wandel in der Berufsrolle beschäftigt, die den Lernberater oder die Lernberaterin anstelle des »Paukers« forderte.

Beinahe vergessen, oder doch viel zu wenig genutzt hat man in dieser Konstellation indes die Ressourcen der Eltern der Schülerinnen und Schüler. Sie, die ihre Kinder zumeist doch am besten kennen oder ein offenes emotionales Klima schaffen können, sind in diesen wichtigen pädagogischen Neuerungen selten berücksichtigt und oft nur unzureichend orientiert.

Garanderie will aber aus Kindern nicht nur »gute SchülerInnen« machen. Vielmehr geht er von der Einsicht aus, dass sich schulischer und allgemein Lernerfolg nur dann einstellt, wenn wir die Kinder zugleich darin unterstützen, starke Persönlichkeiten zu werden, die auf einem festen emotionalen und intellektuellen Fundament stehen. Um eine Formulierung Garanderies aufzugreifen: Wir helfen ihnen, »es selbst zu tun«, indem wir sie zugleich darin bestärken, sie selbst zu sein bzw. zu werden.

Garanderie hat aus seiner lebendigen Erfahrung und dem fruchtbaren Austausch zusammengetragen, was Eltern brauchen, um ihren Kindern nicht nur Erzieher zu sein, sondern Berater und Begleiter. Dabei verzichtet er weitgehend auf wohlfeile Ratschläge. Ein solches Vorgehen wäre zur Sensibilisierung von Beratern auch im Grundsatz verfehlt. Goethe formulierte es trefflich: »Rat zu geben ist das dümmste Handwerk, das einer treiben kann. Rate sich jeder selbst und tu, was er nicht lassen kann.« Garanderie übt selbst in diesem Buch vorbildlich diese Form der Beratung – eben als Begleitung, unaufdringlich und respektvoll. So sind auch die zahlreichen Beispiele im zweiten Teil des Buches vor allem dies: Sensibilisierungsanstöße, die deutlich machen, wo und in welcher Form Eltern für ihre Kinder Begleiter statt Erzieher sein können.

Der Gedankenreichtum des Buches, die anschauliche Formulierung und die Darstellung in gelebten Beispielen machen *Lernerfolg ist lernbar* zu einem Standardwerk für Eltern, die ihren Kindern echte Lernpartner sein wollen. Es gibt derzeit unseres Wissens kein deutschsprachiges Buch, das dieses aktuelle pädagogische Thema der Lernbegleitung für Eltern in solcher Prägnanz erfahrbar und anwendbar macht. Wo Eltern über ihre eigene Rolle nachdenken und sie nicht einfach tradieren möchten, ist das Buch geradezu notwendig. Es hilft uns, wie Garanderie es am Schluss formuliert, in der Erde zu wurzeln und nach den Sternen zu greifen.

Danksagung

Wir danken dem Heinrich Hugendubel Verlag, seiner Verlegerin Dr. Monika Roell und der Lektorin, Alexandra-Henri Grünert, für die Bereitschaft, *Lernerfolg ist lernbar* in ihr Programm aufzunehmen und Antoine de la Garanderie damit zum ersten Mal einer breiteren Öffentlichkeit im deutschsprachigen Raum zugänglich zu machen. Nicht selbstverständlich war der Enthusiasmus von Roswita Schmit, die sich als kompetente Übersetzerin an den Text wagte, noch bevor ein Verlag für das Buch gefunden war. Dr. Markus Asper (Universität Konstanz) hat mit seinen Hinweisen und kritischen Kommentaren zum Gelingen der Übersetzung beigetragen. Nicht zuletzt danken wir zahlreichen Eltern, deren Erwartungen uns beflügelt haben, und dem Team der SBW, aus dessen Ideenreichtum und Neugier – nicht nur – diese Initiative hervorgehen konnte.

Peter Fratton/Peter Kohlhaas,
Romanshorn im Oktober 1999

13

Peter Fratton ist Gründer und Gesamtschulleiter der SBW Romanshorn (Schule für Beruf und Weiterbildung, Schweiz). Die SBW ist eine öffentliche Schule in privater Trägerschaft mit mehreren Dependancen in der deutschsprachigen Schweiz und ist zugleich Trägerschule der International School of Schaffhausen. Ein Schwerpunkt der langjährigen Tätigkeit Frattons im Rahmen der Qualitätsentwicklung im Bildungswesen ist die Einführung der Themenzentrierten Interaktion Ruth Cohns als Kommunikationsmodell für pädagogische Institutionen. In Zusammenarbeit mit der Pädagogischen Hochschule St. Gallen und der Universität Bern hat die SBW darüber hinaus zahlreiche Feedback-Instrumente für Schülerinnen und Eltern geschaffen.

Dr. phil. Peter Kohlhaas ist Unternehmensberater und Coach. Er hat Lehr- und Forschungsaufträge an den Universitäten Tübingen und Konstanz wahrgenommen und betreute – überzeugt von der Idee des Lernens als *empowerment* – 1998/99 als Projektleiter die Gründung der International School of Schaffhausen.

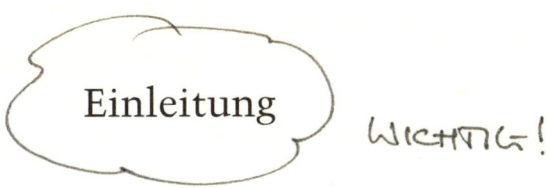

Einleitung

WICHTIG!

Seitdem ich unterrichte, beschäftigt mich die Frage, warum manche Kinder in der Schule Erfolg haben und andere nicht. Ich habe die Kinder beobachtet und nicht nur die Klassenbesten, von denen man gern annimmt, sie seien eben begabt, sondern auch die anderen Kinder befragt. Es stellte sich heraus, dass alle auf irgendeinem Gebiet Erfolg hatten – auch wenn dies nicht immer direkt sichtbar war. Dabei habe ich entdeckt, dass Erfolg oder Misserfolg nicht dem Zufall überlassen sind, sondern dass es allgemeine Gesetze der geistigen Funktionen gibt – man muss sie nur erkennen und anwenden können.

Unsere gesellschaftlichen Strukturen und selbst unsere Sprache suggerieren, es gebe von Natur aus begabte und unbegabte Menschen. Aufnahme- und Abschlussprüfungen, Wettkämpfe und Auswahlverfahren sind Ausdruck einer allgemein anerkannten Denkweise, die Ungleichheit als naturgegeben annimmt. Auch die Möglichkeit, sozial aufzusteigen, gründet sich auf Wettbewerb und Konkurrenzdenken. Vor diesem Hintergrund werden die Kriterien für die Bewertung einer Leistung gar nicht erst in Frage gestellt.

Wenn man davon ausgeht, dass es geistige Strategien für erfolgreiches Lernen gibt, kann man dann daraus schließen, dass alle Kinder zu Höchstleistungen fähig sind? Theoretisch schon – nicht so in der

Praxis. Um einen Motor auseinander zu nehmen, beim Singen den richtigen Ton zu treffen, eine Rechenaufgabe zu lösen, orthographisch und stilistisch korrektes Deutsch zu schreiben, ist eine bestimmte geistige Strategie erforderlich, die man zwar lernen kann, aber so, wie nicht jeder Sportler Olympiasieger wird, können nicht alle Kinder in ihrem Jahrgang die besten sein. Die Absicht dieses Buches ist es, Eltern und Kindern die richtigen Strategien zu vermitteln, die sie vor schulischen Misserfolgen bewahren. Wir behaupten damit nicht, dass auch alle dasselbe Leistungsniveau erreichen können oder müssen.

Sich seines Verstandes zu bedienen kann man lernen: Es gibt so etwas wie eine Gebrauchsanweisung für unseren Kopf. Wenn wir von »geistigen Strategien« sprechen, so mag das zunächst sehr technisch klingen. Dieser Begriff macht aber deutlich, dass es sich um eine planbare, konkrete und zielgerichtete Vorgehensweise handelt. Zugrunde liegen mehr als dreißig Jahre Forschungsarbeit auf dem Gebiet der Gehirnforschung. Die Ergebnisse werden heute tagtäglich in Schulen und Bildungseinrichtungen angewandt und ständig weiterentwickelt.

Nun sind aber die allerersten und naturgegebenen Erzieher eines Kindes seine Eltern. Viele von ihnen kommen in meine Veranstaltungen. Sie wollen konkrete Antworten, keine Allgemeinheiten oder Mutmaßungen. Manchmal ist ihnen nicht bewusst, dass sie über alle Mittel verfügen, selbst etwas für den Lernerfolg ihrer Kinder zu tun: Sie erleben ihre Kinder jeden Tag und kennen sie besser als jeder andere.

Dieses Buch, das sich vor allem an die Eltern und an alle wendet, die in pädagogischen Berufen tätig sind, möchte daher nicht nur die richtigen Lernstrategien aufzeigen, sondern auch konkrete Hinweise für die alltägliche Praxis geben, die Eltern und Lehrer mit den Kindern erfolgreich umsetzen können. Die Kenntnis und Anwendung dieser Strategien wird den Eltern bei ihrer Erziehungsaufgabe helfen, den Kindern so manche Schulprobleme ersparen und sie darüber hinaus zu starken und selbstbewussten Schülern machen.

I. Teil:
Eine Welt, die es zu entdecken gilt: das geistige Leben

Gesetze, die für alle gelten

Viele Eltern glauben, dass ihre Kinder in der Schule oder auf anderen Gebieten (im Sport, in ihrer Freizeitgestaltung, in ihrem Sozialleben) nicht den Erfolg haben, den sie entsprechend ihrer potentiellen Fähigkeiten haben könnten. Diese Schwierigkeiten lassen sich auf folgende fünf Aussagen reduzieren:
– Er/Sie träumt, passt nicht auf, denkt an etwas anderes, er/sie kann sich nicht lange konzentrieren;
– Er/Sie kann nichts behalten; wenn man mit ihm/ihr zusammen lernt, dann kann er/sie es zwar zu Hause, aber am nächsten Tag, in der Schule, weiß er/sie nichts mehr;
– Er/Sie versteht nichts (in Mathematik, Physik), ich erkläre es ihm/ihr immer wieder, aber es geht nicht in seinen/ihren Kopf hinein;
– Er/Sie überlegt nicht; er/sie versteht zwar die Aufgabe, macht sich aber nicht die Mühe, darüber nachzudenken, und kommt deshalb nicht auf die Lösung;
– Er/Sie hat keine Fantasie.

Hinsichtlich der »Defizite« ihrer Kinder kann man bei Eltern drei Haltungen feststellen:
1. Sie sind so auf die Welt gekommen und so bleiben sie auch. Nathalie ist von Natur aus schusselig, Robert hat ein schlechtes Gedächtnis, Mathematik

liegt Anna nun mal nicht, Frank ist ein solcher Draufgänger, dass er nie lange überlegt, und Miriam sieht über ihre eigene Nasenspitze nicht hinaus. So ist es eben, da kann man nichts machen.

2. Alles ist letztlich eine Frage des Willens. Man muss sie dazu anhalten, mehr zu arbeiten, sie brauchen Nachhilfestunden. Nathalie soll besser aufpassen, Robert seine Lektionen auswendig lernen, Anna in Mathematik mehr arbeiten, Frank besser nachdenken, und Miriam soll mehr Fantasie entwickeln. Sie strengen sich nicht an, sie geben sich keine Mühe.

3. Psychologische Defizite liegen zugrunde: Nathalie, Robert, Anna, Frank und Miriam sind »blockiert«, was eine bestimmte Lehrerin, einen bestimmten Lehrer, die Schule im Allgemeinen oder ein bestimmtes Unterrichtsfach betrifft. Da man den Grund nicht kennt, wendet man sich an Fachleute, die das Problem lösen sollen.

In Wirklichkeit verhält es sich ganz anders:

1. Kein Kind ist von Natur aus dazu verurteilt, sein Leben lang Schwächen oder Wissenslücken in Deutsch, Mathematik oder einem anderen Fach zu haben.

2. Die Methode »Noch mehr Arbeit, doppelte Anstrengung« löst das Problem nicht. Bei Lernschwierigkeiten ist nicht unbedingt mehr, sondern etwas anderes zu tun. Gewiss: Ohne den Willen und ohne Arbeit geht es nicht, aber wir müssen mit Bedacht vorgehen, um nicht sinnlos Energie zu verschwenden.

3. Es ist richtig, dass Kinder im Einzelfall psychologische Probleme haben – doch wir schlagen Ihnen vor, diese Möglichkeit erst ganz zum Schluss in Erwägung zu ziehen, nachdem Sie mit Ihrem Kind die einfachen Strategien der geistigen Tätigkeit eingeübt und praktiziert haben, die Ihnen im folgenden dargestellt werden.

Es gibt allgemeine Gesetze unserer geistigen Funktionen, Gesetze, die für alle gelten, die Sie und Ihr Kind aber vielleicht noch nicht kennen. Diese Behauptung mag Sie überraschen. Denn bisher hatten Sie vermutlich keine Gelegenheit, über die Strategien, die Sie dabei anwenden, nachzudenken. Es wird zwar von Ihnen immer wieder erwartet, dass Sie Ihre Intelligenz einsetzen, aber eine Gebrauchsanweisung haben Sie bis jetzt wahrscheinlich nicht bekommen. Noch dazu haben Sie, auch ohne genau zu wissen warum, das deutliche Gefühl, dass Ihre Art zu denken sich von der Ihres Ehepartners, Ihres Nachbarn oder Ihres Arbeitskollegen unterscheidet. Damit haben Sie völlig recht, denn Sie entwickelten Ihre eigenen Denkgewohnheiten – ebenso wie auch Ihr Kind seine eigenen Gewohnheiten hat. Und diese für jeden von uns spezifischen Denkgewohnheiten beruhen auf allgemeingültigen Gesetzen. Wenn wir und unsere Kinder diese Gesetze kennen und richtig anwenden, sind die Voraussetzungen für erfolgreiches Lernen gegeben.

Die eingangs erwähnten Schulschwierigkeiten haben mit fünf fundamentalen geistigen Tätigkeiten zu tun, die man unbedingt kennen sollte:

1. die Aufmerksamkeit
2. die Gedächtnisleistung (sich etwas einprägen)
3. das Verstehen
4. das Nachdenken
5. die schöpferische Fantasie

Warum sprechen wir hier von »geistigen Tätigkeiten«? Weil man sie ohne weiteres mit körperlichen Tätigkeiten wie Schwimmen, Skilaufen oder Turnen vergleichen kann. Wie diese lassen sie sich beschreiben. Will man sie richtig ausführen, muss man bestimmte Regeln beachten, und um sie völlig zu beherrschen, muss man regelmäßig trainieren.

In den folgenden Kapiteln werden wir uns mit den einzelnen geistigen Tätigkeiten beschäftigen. Aber zuerst wollen wir uns ansehen, was sie gemeinsam haben.

1. Zuerst bildet man sich eine Vorstellung

Unser geistiges Leben hält unablässig Überraschungen für uns bereit: Warum erinnern wir uns an ein bestimmtes Ereignis in einem Augenblick, in dem wir am wenigsten damit rechnen? Warum sind wir manchmal nicht in der Lage, für die Abfassung eines Berichts auch nur zwei intelligente Überlegungen anzustellen? Und warum sprühen wir dann wieder in einer Konferenz nur so vor Ideen? Warum verstehen wir manchmal nicht, was unser Gesprächspartner berichtet? Diese Fragen lassen sich letztlich auf eine einzige reduzieren: Was ist der Grund, dass es einmal funktioniert, während wir ein andermal »blockiert« sind, wenn wir etwas verstehen, nachdenken oder einfach nur aufmerksam sein wollen?

Sie sind gerade dabei, dieses Buch zu lesen. Wenn Sie die Augen abwenden, sehen Sie alle möglichen Dinge: eine Tür, die Tapete, ein Bücherregal, ein Bild, ein Fenster, durch dieses Fenster Bäume, den Himmel, einen Zaun, andere Häuser. All dies nehmen Sie zwar wahr, aber Sie konzentrieren nicht unbedingt Ihre Aufmerksamkeit darauf, und sobald Sie das Zimmer verlassen haben, könnten Sie jedes dieser Elemente nur schwer beschreiben. Wählen Sie jetzt aus Ihrer Umgebung einen Gegenstand, der Ihnen gefällt, zum Beispiel die Tapete, und prägen Sie sich ihn bildlich ein. Wenn Sie die Tapete nicht mehr vor Augen haben, werden Sie feststellen, dass Sie in Ihrer Vorstellung weiterexistiert. Sie können das Bild einfach wieder wachrufen. Oder Sie hören Töne, während Sie dieses Buch lesen. Vielleicht haben Sie eine CD aufgelegt, vielleicht hören Sie den Fernseher im Nebenzimmer oder das Geräusch des Straßenverkehrs, Hundegebell, eine lebhafte Diskussion bei den Nachbarn. Konzentrieren Sie sich auch hier nacheinander auf jedes einzelne dieser Geräusche und versuchen Sie, sich eine Vorstellung davon zu machen, damit Sie diese später in Ihrem Kopf wachrufen können.

Wenn Sie diese Übung wiederholen, werden Sie merken, dass die Anweisung »Schauen oder hören Sie so hin, dass Sie es in Ihrem Kopf wieder wachrufen können« zwar einige Mühe erfordert, aber durchaus funktioniert. Es mag sein, dass Sie gewisse Unter-

25

schiede zwischen der Wirklichkeit und dem Bild feststellen, das Sie sich von ihr gemacht haben. Vielleicht entspricht das Ergebnis aber auch genau dem, was Sie wahrgenommen haben. In beiden Fällen jedoch unterscheiden sich Wahrnehmung und Vorstellung dadurch, dass die Wahrnehmung – wie im Fall der Tapete – sinnlicher, die Vorstellung davon geistiger Natur ist, denn Sie können in Ihrer Vorstellung Farbe oder Muster der Tapete ohne weiteres verändern. Die Vorstellung existiert unabhängig von der Wahrnehmung, durch die sie ausgelöst wurde, sie gehört zu Ihrem geistigen Leben. Oder Sie gehen in einem Tannenwald spazieren und der intensive Geruch des Harzes dringt in Ihre Nase. Wenn Sie wieder zu Hause sind und an Ihren Waldspaziergang denken, können Sie diesen Duft wieder riechen. Zwar ist er nicht mehr wirklich vorhanden, aber Sie können ihn wachrufen, er existiert in Ihrer Vorstellung. Dieser Unterschied zwischen Wahrnehmung und Vorstellung ist von wesentlicher Bedeutung.

Geistiges Leben beginnt da, wo eine Wahrnehmung zu einer Vorstellung wird. Soll es nicht bei der bloßen Wahrnehmung bleiben, muss man die Absicht haben, diese Umwandlung zu vollziehen. Wenn ich das Bild einer Landschaft oder einer Symphonie wirklich in mich aufnehmen will, muss ich mir vornehmen, ihnen in meinem Kopf Existenz zu verschaffen, das heißt, ich muss mir von dem, was ich sehe oder höre, eine Vorstellung machen. Diese Orientierung auf ein Ziel hin ist ein wesentlicher Bestandteil des geistigen Lebens. Der Unterschied zwischen Sehen und Betrachten, Hören und bewusstem Zuhören besteht darin, dass wir unsere Aufmerksamkeit bewusst auf unsere Wahrnehmung konzentrieren mit dem Ziel, dass wir uns etwas vorstellen oder uns damit an etwas erinnern können.

Es gibt zwei Arten von Vorstellungen:
- *spontane* Vorstellungen, wie in unserem »Tannen-wald-Beispiel«. Wenn Sie im Wald den Harzgeruch wahrnehmen, versuchen Sie nicht bewusst, sich eine Vorstellung davon zu machen, die Sie später wieder wachrufen können.
- *zielgerichtete* Vorstellungen, wie in dem Fall, in dem Sie die Tapete betrachten und sich von dieser ein genaues Bild machen, um sie später jemandem beschreiben zu können.

Alle geistigen Tätigkeiten gehören dem Bereich der Vorstellung an. Wir können einen Text nicht verstehen und nichts von einem Vortrag behalten, wenn wir uns nicht ein geistiges Bild von dem machen, was wir wahrnehmen. Wir mögen zwar manchmal das Gefühl haben, es genüge die bloße Wahrnehmung, um einfachere Dinge behalten oder verstehen zu können. Wenn wir zum Beispiel einen blauen Lastwagen vorbeifahren sehen und nach seiner Farbe gefragt werden, sobald er am Horizont verschwunden ist, können wir sagen, dass er blau ist. Auch können wir den Titel eines Liedes, das wir gehört haben, einige Tage später einem Freund nennen. In beiden Fällen haben wir uns nicht bewusst darum bemüht, diese Informationen wieder abrufen zu können. Dennoch haben wir uns eine – wenn auch unbewusste und momenthafte –

Vorstellung davon gemacht. Wäre es bei der bloßen Wahrnehmung geblieben, könnten wir die uns gestellten Fragen nicht beantworten, denn wir hätten in unserem Geiste kein Bild davon.

Wenn Ihr Kind seine Aufmerksamkeit auf eine Sache konzentriert, bildet es sich eine Vorstellung von dem, was es wahrnimmt, wenn Sie ihm die richtige Anweisung geben. Andernfalls kann es scheinbar interessiert hören oder sehen, was Sie ihm präsentieren, ohne danach ein geistiges Bild von dieser Sache zu haben. Das kann auch Ihnen passieren: Sie hören einen glänzenden Redner, dessen Gedanken Ihnen interessant zu sein scheinen. Aber wenn Sie die Versammlung verlassen oder den Fernseher ausgeschaltet haben, merken Sie, dass Sie nicht in der Lage wären, einem Freund mitzuteilen, was genau daran so interessant war. Alles, was Sie ihm sagen könnten, wäre: »Ich habe einen spannenden Vortrag gehört, aber es ist nicht so einfach zu erklären.« Über die Wahrnehmung (in diesem Fall: das Zuhören) hinaus ist nichts passiert. Sie hatten nicht *die Absicht, dieser Rede in Ihrem Kopf Existenz zu verschaffen.*

Das Gleiche gilt für Ihr Kind. Nehmen wir an, Sie wollen ihm dabei helfen, eine besonders schwierige Lektion zu verstehen und zu behalten. Sie versuchen, sich so klar wie möglich auszudrücken und gehen schrittweise vor, indem Sie anschauliche Beispiele wählen, Ihre Erklärungen durch Zeichnungen verdeutlichen etc. Diese Bemühungen sind zwar löblich, aber wenn Ihr Kind nicht den festen Willen hat, die Lektion in seinem Geist aufzunehmen, sind Sie zum Scheitern verurteilt. Damit Ihr Kind von Ihren Erklärungen etwas hat, muss es sich von diesen eine eigene Vorstellung bilden. Es handelt sich gewissermaßen um eine Übersetzungsarbeit. Sie haben Ihrem Kind eine Information präsentiert und nun liegt es an ihm, gleichsam eine Codierung vorzunehmen, die es ihm erlaubt, sich von dieser Information eine *Vorstellung* zu machen. Diese wiederum kann deutlich von Ihrer Darstellung abweichen. Auch wird Ihr Kind das, was es behalten hat, mit eigenen Worten, anders als Sie formulieren. Das mag Sie ärgern, denn Sie haben sich bemüht, sich klar auszudrücken und es wäre Ihnen lieber, es würde Ihre Botschaft wortgetreu wiedergeben. Aber diese Umformulierung ist unerlässlich, sie ist die Voraussetzung dafür, dass Ihr Kind sich das, was ihm vorgetragen wurde, aneignen und zu einem Bestandteil seines geistigen Lebens machen kann. Natürlich müssen Sie darauf achten, dass diese Übersetzung nicht falsch ist, aber Sie dürfen diesen Aneignungsprozess nicht verhindern, sondern sollten alles tun, damit er vollzogen werden kann.

Was also können Sie konkret tun? Bevor wir Ihnen dies anhand von Beispielen zu veranschaulichen suchen, wollen wir schon jetzt zwei wesentliche Regeln formulieren:
1. Lassen Sie dem Kind Zeit, sich seine eigene Vorstellung zu bilden. »Die Lehrerin macht zu schnell, man kommt gar nicht mit«, klagen Kinder häufig. Was heißt das? Da die Erfüllung des Lehrplans Vorrang hat, begnügen sich viele Lehrer damit, zu kontrollieren, ob die Schüler ihnen zuhören, als ob allein dadurch ihre Worte auch wirklich in deren

Köpfe eindringen (und darin auch bleiben) würden. Sie sparen damit den Zeitaufwand, der für die Bildung einer eigenen Vorstellung erforderlich ist. In Wirklichkeit wird aber nicht Zeit gespart, sondern Zeit verloren, denn es bleibt nichts von dem hängen, was Sie Ihren Schülern gesagt haben.

2. Geben Sie dem Kind die richtige Anweisung, damit es sich seine eigene Vorstellung bilden kann. Anstatt »Hämmere Dir das gut ein« sollten Sie weniger harte Formulierungen verwenden wie »Versuche, es in Deinem Kopf wiederzufinden« oder »Sag Dir laut vor, was Du gehört hast«. Sie versetzen das Kind damit in die Lage, sein Innenleben zu kontrollieren und sich das, was es wahrgenommen hat, auch wirklich anzueignen.

Nur nützt das alles nichts, wenn das Kind in dem Augenblick, in dem es hinschaut oder hinhört, nicht die *Absicht* hat, sich von dem, was es sieht oder hört, eine eigene Vorstellung zu bilden. Dafür muss man ihm die Zeit lassen, die es braucht.

Diese Forderung, den Zeitfaktor zu berücksichtigen, gilt für alle Tätigkeiten des geistigen Lebens, auch für die Lektüre dieses Buches. Wenn Sie wollen, dass »etwas hängenbleibt«, ist es unerlässlich, dass Sie sich in regelmäßigen Abständen die Zeit nehmen, sich das Gelesene zu vergegenwärtigen. Schließen Sie das Buch und versuchen Sie, sich eine Vorstellung von dem Text zu machen, den Sie soeben gelesen haben. Ihre Vorstellungen können Sie in ganz verschiedene Richtungen führen. Vielleicht stellen Sie sich Definitionen und Regeln (in den Worten des Buches oder in Ihren eigenen Worten) oder Beispiele vor, oder Sie denken an ein Gespräch, das Sie kürzlich mit Freunden hatten, oder Sie malen sich eine Szene mit Ihren Kindern aus. Diese Vorstellungen mögen Ihnen mehr oder weniger nützlich erscheinen, sie sind aber notwendig, damit Sie sich bestimmte Gedanken dieses Buches zu eigen machen können.

2. Aufmerksamkeit ist eine Sache der Entscheidung

Wie wir im vorausgehenden Kapitel ausgeführt haben, kommt der Aufmerksamkeit eine wesentliche Bedeutung zu, wenn es darum geht, Wahrgenommenes tatsächlich aufzunehmen. Wenn Ihr Kind nicht aufpasst und an etwas anderes denkt, wird es von dem behandelten Thema nichts verstehen oder behalten können. Eltern fühlen sich einem Kind gegenüber, das »in Gedanken woanders ist«, häufig machtlos. In ihrer Verzweiflung fällt ihnen nichts besseres ein als die ständige Ermahnung: »So pass doch auf! Wenn Du Dich bloß etwas konzentrieren würdest ...« Auch wenn dieser Satz in ruhigem und freundlichem Ton und nicht mit wachsender Ungeduld oder im Zorn ausgesprochen wird, hat er doch keinerlei positive Wirkung.

Warum? Weil Ihr Kind mit dem besten Willen versuchen wird, Ihrer Anweisung zu folgen und sich selbst zu befehlen: »Ich muss aufpassen, ich muss mich konzentrieren.« Und schon drehen sich seine Gedanken nur um diesen einen Satz, so dass seine ganze Aufmerksamkeit nicht auf seine Hausaufgabe gerichtet ist, sondern darauf, dass es aufpassen muss. Sein Geist ist wie gelähmt und es läuft Gefahr, sich selbst für dumm zu halten, weil es dem scheinbar so einfachen Befehl nicht folgen kann. Daraus entstehen Schuld- und Zorngefühle sich selbst und auch Ihnen gegenüber. Letztlich hat Ihr Kind sich nur darauf konzentriert, aufmerksam zu sein. Nur dies bleibt in seinem Kopf hängen und nicht der Gegenstand seiner Aufmerksamkeit. Eine völlig nutzlose geistige Anstrengung, an der nicht das Kind, sondern die Anweisung schuld ist.

»Wenn der Finger auf den Mond zeigt, schaut der Dumme auf den Finger«, sagt ein chinesisches Sprichwort. Ihr Kind ist nicht dumm, aber Ihre Anweisung bringt seine geistigen Fähigkeiten vorübergehend zum Stillstand. Es schaut wie gebannt auf den Finger, während es doch zum Mond schauen soll. Nach diesem gescheiterten Versuch wird es in Zukunft dazu tendieren »dichtzumachen«, sobald es die Anweisung »Pass auf!« hört. Sie haben dann verständlicherweise das Gefühl, dass es ihm an gutem Willen fehlt. So entsteht ein Teufelskreis.

Wie kommt es zu diesem fatalen Ergebnis? Ganz einfach deshalb, weil dem Kind die geistige Tätigkeit der Aufmerksamkeit nicht erklärt und ihm nicht gesagt wurde, was es zu tun hat, um aufmerksam zu sein. Lassen Sie es uns mit einer anderen Situation vergleichen: Sie lernen Skifahren und haben Ihre erste Unterrichtsstunde. Der Skilehrer erklärt Ihnen, wie man die Ski anschnallt, er zeigt Ihnen, wie man sie zum Hang stellt und verlangt von Ihnen, diesen hinunterzufahren, wobei er anmerkt: »Und vergessen Sie nicht, unten anzuhalten.« Da Sie nicht wissen, wie man anhält, stürzen Sie oder fahren gegen ein Hindernis. Der Skilehrer kommt zu Ihnen und sagt nur: »Ich hatte Ihnen doch gesagt, dass Sie daran denken müssen, unten anzuhalten!« Wahrscheinlich werden Sie für diesen Skilehrer keine große Sympathie empfinden und er wird denken, dass Sie für das Skifahren nicht begabt sind oder es Ihnen nicht gefällt.

Dieser Vergleich scheint Ihnen nicht passend? Aber machen wir es nicht ähnlich, wenn wir von einem Kind verlangen, aufmerksam zu sein, ohne ihm die Mittel dafür an die Hand zu geben?

Was passiert, wenn man aufmerksam ist?

In unserem Beispiel haben Sie aus Ihrer Umgebung die Tapete ausgewählt, auf die Sie Ihre Aufmerksamkeit gerichtet haben. Sie hätten aber auch beschließen können, sich für etwas ganz anderes zu interessieren. Es kommt also darauf an, sich zu entscheiden. Aufmerksam zu sein ist ein Akt des Willens, die Mobilisierung von Energie auf ein bestimmtes Ziel hin. Sicherlich haben Sie nicht den Eindruck, eine solche Anstrengung zu leisten, wenn Sie aufmerksam sind. Es scheint Ihnen fast so etwas wie eine natürliche Tätigkeit zu sein, die Sie, wenn Sie es für erforderlich halten, ausüben, ohne daran zu denken. Aber erinnern Sie sich: Als Sie sich zum ersten Mal an das Steuer eines Autos gesetzt haben, hat der Fahrlehrer Sie nicht einfach aufgefordert zu starten, sondern er hat Ihnen den dafür notwendigen Bewegungsablauf gezeigt, den Sie inzwischen automatisch ausführen, den Sie aber einüben mussten. Das Gleiche gilt für die Aufmerksamkeit, die als geistige Tätigkeit ebenfalls erlernt werden muss. Genauso wie das Drehen des Zündschlüssels die auslösende Handlung ist, um ein Auto zu starten, ist die Aufmerksamkeit die auslösende Handlung für die »geistige Steuerung«.

Was kann man tun bei einem Kind, das vor sich hin träumt und aus dem Fenster schaut statt sich auf seine Lektion zu konzentrieren, oder das nur scheinbar aufmerksam ist, ohne dass Sie sich dessen ganz sicher sein können? Geben Sie ihm ganz einfach die Anweisung, die Sie sich vorhin selbst gegeben haben: »Schau hin (oder: hör hin) mit dem Ziel, Dir in Deinem Kopf eine Vorstellung davon zu machen.« Oder, bei kleineren Kindern: »Schau hin (oder: hör hin), und versuch dabei, das, was Du gerade siehst, auch in Deinem Kopf zu sehen (oder: das, was Du gerade hörst, auch in Deinem Kopf zu hören).« Wenn Sie spüren, dass Ihr Kind Schwierigkeiten hat, dieser Anweisung zu folgen und es ihm schwerfällt, sich in der Konzentration seiner Aufmerksamkeit zu üben, sollten Sie ihm zuerst folgenden Vorschlag machen: »Denk, woran Du willst, stell Dir einfach irgendetwas vor.« Und nach einigen Minuten: »Jetzt hast Du etwas in Deinem Kopf gesehen oder gehört. Du musst nicht darüber sprechen. Das gehört nur Dir. Und jetzt bringst Du das, was wir lesen werden, genauso in Deinen Kopf hinein.«

In manchen Klassen wird diese Übung zu Beginn eines jeden Schultags gemacht. Es geht darum, dem Kind begreiflich zu machen, dass es ein Innenleben und eigene Gedanken hat, die es kontrollieren kann. Diese Entdeckung kann für Ihr Kind viel verändern. Auf einmal kann es die Dinge selbst in die Hand nehmen, es kann *seine Gedanken kontrollieren.* Sein Kopf ist keine Bühne, auf der Gedanken kommen und gehen, ohne dass es viel dagegen tun könnte, sondern so etwas wie ein Kontrollturm, von dem aus Ihr Kind wie ein Fluglotse die landenden Flugzeuge – die Gegenstände seiner Aufmerksamkeit – und diejenigen, die sich noch in der Warteschleife befinden, dirigieren kann. Auf diese Weise, mit diesen wenigen Anweisungen, die Sie ihm geben, wird Ihrem Kind bewusst, in welchem Ausmaß es sich selbst zu kontrollieren vermag, und zwar in allen Situationen seines Lebens.

Zu welchem Ergebnis führt die Aufmerksamkeit?

Was ist passiert, als Sie beschlossen haben, sich die Tapete vorzustellen? Wie ging dieser Aneignungsprozess vonstatten, von dem wir eben gesprochen haben? Wir haben Ihnen vorgeschlagen, das Ergebnis der von Ihnen erbrachten Aufmerksamkeitsleistung mit dem Begriff »Vorstellung« zu bezeichnen. Man kann auch von einem geistigen Bild sprechen. Unter den zahlreichen Bedeutungen von »Bild« wollen wir eine der Definitionen des Lexikons (in diesem Fall des französischen *Petit Robert*) herausgreifen: »Geistige Vorstellung sinnlichen Ursprungs. 1. Geistige Vorstellung einer vorangegangenen Wahrnehmung oder eines vorangegangenen Eindrucks bei Abwesenheit des Gegenstandes, der diese hervorgerufen hat. *Visuelles, auditives Bild. Ein Bild aus seinem Kopf verjagen.*«

Wenn Sie beschließen, dem, was Sie wahrgenommen haben, in Ihrem Kopf Existenz zu verschaffen, produzieren Sie Bilder, Ihre eigenen Bilder. Die Anweisung »Stellen Sie sich diese Tapete vor« bietet Ihnen einen weiten Fächer von Möglichkeiten:

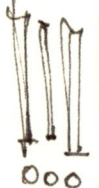

- Sie können eine Tapete fixieren und sie in Ihrem Kopf »fotografieren«;
- Sie können sich einen Film machen und die »Kamera« über den Raum schwenken lassen;
- Sie können die Tapete mit Worten beschreiben, die Sie sich in Ihrem Kopf vorsagen: »Sie hat eine körnige Struktur, ein Muster aus roten und blauen Dreiecken, die sich überschneiden ...«;
- Sie können sich ein Bild von sich selbst machen, wie Sie die Tapetenbahnen so anbringen, dass die Muster genau aneinander anschließen.

Diese Bilder sind ganz verschiedener Art, obwohl sie aus derselben Wahrnehmung – dem Anblick der Tapete – und derselben Anweisung hervorgegangen sind. Wir können sie in drei Kategorien unterteilen:
- visuelle Bilder: Sie sehen etwas in Ihrem Kopf;
- auditive Bilder: Sie hören etwas in Ihrem Kopf;
- verbale Bilder: Sie sagen sich etwas in Ihrem Kopf vor.

Vielleicht irritieren Sie die Ausdrücke »auditives Bild« und »verbales Bild«, Sie denken vielleicht, dass ein Bild nur visuell sein kann (Bild = Zeichnung oder Foto auf einem Papier). Aber denken Sie an die Definition des Lexikons.

36

Eine visuelle Wahrnehmung hat also nicht unbedingt ein visuelles Bild zur Folge. So können Sie von der Tapete eine visuelle Vorstellung haben, aber genauso gut auditive oder verbale Bilder (Sie sagen sich, dass darauf Dreiecke zu sehen sind oder dass Sie ein bestimmtes Muster, eine bestimmte Farbe hat). Ebenso kann eine auditive Wahrnehmung (Ihr Kind hört, wie Sie ihm eine Grammatikregel erklären) zum einen auditive Bilder (das Kind hört Ihre Stimme in seinem Kopf), aber auch visuelle Bilder (das Kind macht sich ein Bild der Lehrerin, wie sie die Grammatikregel an die Tafel schreibt) oder verbale Bilder hervorrufen (das Kind sagt sich im Geiste Sätze vor, um sich die Grammatikregel anzueignen).

Wie sind diese individuellen Unterschiede und die Tatsache, dass man sich eher visuelle oder eher auditive und verbale Bilder macht, zu erklären? Diese Frage wird in einem der nächsten Kapitel ausführlich behandelt. Vorerst fassen wir zusammen, was wir über die Aufmerksamkeit gesagt haben:

Die Aufmerksamkeit ist die auslösende geistige Tätigkeit, sozusagen der »Zündschlüssel« für unsere geistigen Funktionen. Sie sollten Ihrem Kind dafür die Anweisung geben: »Nimm Dir vor, das, was Du siehst oder hörst, in eigene Bilder, Töne oder Worte zu übersetzen.« Das Resultat dieser geistigen Tätigkeit ist die Umwandlung einer Wahrnehmung in eine Vorstellung. Das bedeutet, dass im Kopf Bilder erzeugt werden, die visueller, auditiver oder verbaler Natur sein können.

3. Sich etwas einprägen durch Vorwegnahme

Die Kenntnis des Lernstoffes und die Fähigkeit zur Konzentration gehören zu den wichtigsten Anforderungen unseres Schulsystems. Und auch später sind wir fast ständig auf unser Gedächtnis angewiesen, im Berufsleben oder im Alltag. Wir brauchen es alle und wir ärgern uns daher manchmal, wenn wir meinen, ein »schlechtes Gedächtnis« zu haben.

Ist ein »gutes Gedächtnis« eine angeborene Gabe? Keineswegs. Wie die Aufmerksamkeit ist auch die Gedächtnisleistung eine geistige Tätigkeit, die einigen präzisen und allgemeingültigen Regeln gehorcht, die wir alle anwenden können.

Wann genau bemühen wir unser Gedächtnis?

Wir bemühen unser Gedächtnis – mehr oder weniger erfolgreich – in allen möglichen Situationen des Alltags. Sie stellen fest, dass die Wasserleitung in Ihrem Badezimmer leckt und wollen den Klempner anrufen, aber in dem Moment, in dem Sie das Telefonbuch zur Hand nehmen, können Sie sich nicht mehr an seinen Namen erinnern. Also »durchsuchen« Sie Ihr Gedächtnis danach: »Der Nachbar hat mir doch neulich seinen Namen genannt. Der Elektriker heißt Müller, der Maurer heißt Schmidt, und der Klempner heißt … Natürlich ist das der einzige Name, an den ich mich nicht erinnern kann, wenn ich ihn brauche.« Und Sie suchen fieberhaft weiter in Ihrem Gedächtnis, wie Sie in Ihrer Bibliothek nach einem Buch suchen würden, von dem Sie sicher wissen, dass Sie es dort eingeordnet haben. Aber genau darum geht es: Haben Sie den Namen des Klempners in Ihrem Gedächtnis »eingeordnet«?

Diese Frage mag Sie überraschen – veranschaulichen wir uns das durch einen Vergleich: Auch wenn Sie keine speziellen Informatikkenntnisse haben, wissen Sie, dass ein Computer uns die Möglichkeit bietet, in seinem »Gedächtnis« eine bestimmte Anzahl von Daten zu speichern, die der Benutzer ihm liefert. Aber dieser Benutzer muss dem Computer auch die klare Anweisung geben, die gewünschten Informationen zu speichern. Diese Option wird durch das Programm explizit formuliert, das am Ende jedes Vorgangs eine Frage der Art stellt: »Wollen Sie dieses Dokument speichern? Ja – Nein.« Um mit »ja« zu antworten, führt der Benutzer eine Funktion aus (drückt eine Taste oder »klickt« mit der Maus). Wird diese Funktion nicht ausgeführt, mag er stundenlang vergeblich im Gedächtnis seines Computers suchen, er wird nichts finden, denn die Information ist dort nicht vorhanden. Genauso riskieren Sie, in Ihrem Gedächtnis vergeblich nach dem Namen des Klempners zu suchen, wenn Sie sich diesen in dem Augenblick, in dem Sie ihn hören, nicht einzuprägen versuchen. Natürlich ist das menschliche Gehirn nicht mit dem eines Computers vergleichbar. Dieses Beispiel macht jedoch einen weit verbreiteten Irrtum deutlich. Man meint oft, dass die eigentliche Gedächtnisleistung in dem Augenblick erfolgt, in dem man die Information braucht. Das Gegenteil ist jedoch der Fall. *Die Gedächtnisleistung findet in dem Augenblick statt, in dem man beschließt, die Infor-*

mation zu speichern und für die Zukunft verfügbar zu halten. In dem Augenblick, in dem Ihr Nachbar Ihnen den Namen des Klempners nennt, müssen Sie sich diesen einprägen.

Zu welchem Zweck?

Marion, 35 Jahre alt, Mutter von zwei Kindern, will ihren Mann dazu bewegen, die nächsten Weihnachtsferien in den Bergen zu verbringen, obwohl sie in den Jahren davor zu Hause geblieben waren. Während sie auf Peter wartet, zählt sie die Argumente auf: Die Luftveränderung tut der ganzen Familie gut, man entkommt dem Festtagsritual zum Jahresende, die Kinder möchten Skifahren lernen, Peter sollte einmal »abschalten« und seine beruflichen Probleme vergessen und schließlich haben Freunde ihnen ihr Chalet zu günstigen Bedingungen angeboten.

Als sie mit Peter spricht, erinnert sie sich aber nur an zwei Argumente (die Luftveränderung und die geringen Kosten) und obwohl ihr Mann die Idee begeistert aufnimmt, wundert sich Marion am nächsten Tag, im entscheidenden Augenblick in ihrem Gedächtnis nicht alle Argumente parat gehabt zu haben, zumal sie ihre »Lektion« auswendig wusste und obendrein all ihre Argumente wieder im Kopf hat. Was ist passiert?

Die einen werden sagen: Es handelt sich eben um das bekannte Phänomen, dass einem immer erst danach einfällt, was man hätte sagen sollen. Andere haben eine psychologische Begründung parat: Marion war während ihres Gesprächs mit Peter »blockiert«.

Marion beschließt, diese beiden Hypothesen außer acht zu lassen und versucht zu verstehen, was wirklich passiert ist, indem sie sich in die Situation zurückversetzt, als sie sich ihre Argumente einprägte. Vielleicht stellte sie sich dabei vor, wie sie Claudia, ihrer besten Freundin, ausführlich alle Gründe darlegte, die Peter und sie hätten, in die Berge zu fahren. Vielleicht erinnert sie sich sogar daran, dass sie sich vorstellte, wie ihre Freundin ihr voll zustimmte. Marion hat also sehr wohl die Gedächtnisleistung erbracht, mit der Informationen gespeichert und für die Zukunft verfügbar gehalten werden. Allerdings für eine bestimmte Situation in der Zukunft, nämlich eine Begegnung mit Claudia und nicht unbedingt für das Gespräch mit Peter.

Damit können wir ein wichtiges Merkmal der Gedächtnisleistung formulieren: *Man prägt sich etwas ein, indem man sich in die zukünftige(n) Situation(en) versetzt, in der (denen) man sich daran erinnern sollte.*

Wie prägt man sich etwas ein?

Wie bei allen anderen geistigen Tätigkeiten ist also der erste Schritt die Mobilisierung der Aufmerksamkeit. Man muss sich zuerst von dem, was man behalten will, eine Vorstellung bilden, das heißt, ihm in seinem Kopf Existenz verschaffen, sich ein Bild davon machen. Im nächsten Schritt muss man diese Vorstellung in die Situation versetzen, in der man sie anwenden will. Mit anderen Worten: Die Vorstellung wird in eine gedachte Zukunft versetzt. Und schließlich muss das Bild, das man sich von der Wirklichkeit (also von dem, was man wahrgenommen hat) macht, wiederholt mit dieser konfrontiert werden, um sicher zu sein, dass beides übereinstimmt. Diese drei Schritte sind, auch in ganz banalen Situationen, unbedingt notwendig, wenn man sich etwas einprägen will.

Stellen Sie sich dann vor, dass Sie zu Freunden aufs Land eingeladen sind. Sie haben Ihnen am Telefon gesagt, wie man zu ihnen kommt: Die Bundesstraße drei Kilometer nach dem Ort verlassen, der Landstraße zwei Kilometer folgen und dabei rechts zwei kleinere Straßen hinter sich lassen, gegenüber einem Restaurant nach rechts abbiegen, dann gleich wieder nach links, genau vor den Bahngeleisen (diese auf keinen Fall überqueren), über den Fluss fahren, den Weg nach links einschlagen, dort ist es das dritte Haus rechts, es ist nicht zu verfehlen, da es als einziges einen grünen Zaun hat. Sie haben diese Angaben auf einem Zettel notiert, und damit Sie während der Fahrt nicht ständig darauf schauen müssen, versuchen Sie schon jetzt, sich die Strecke einzuprägen. Sie versuchen, sich zu konzentrieren und sich eine Vorstellung von der Strecke zu machen, die Sie erwartet. Wie wir beim Thema der Aufmerksamkeit gesehen haben, können diese Vorstellungen ganz unterschiedlich sein:

– Sie können sich selbst oder Ihren Freund hören, wie er die Strecke erklärt, vielleicht in einer verkürzten Version: drei Kilometer, zwei Kilometer, gegenüber Restaurant nach rechts, vor Bahngeleise nach links, Fluß, Weg links, drittes Haus rechts (auditives/verbales Bild).

- Sie können sich ein Foto von den Wörtern machen, so wie Sie diese auf den Zettel geschrieben haben (verbales/visuelles Bild).
- Sie können sich von der Strecke auch einen Film machen: Sie sehen in Ihrem Kopf kleinere Straßen, die Sie rechts hinter sich lassen, ein Restaurant, Bahngeleise, einen Fluss, einen Weg, einen grünen Zaun etc. (visuelles Bild).

In allen Fällen projizieren Sie diese Vorstellungen in die Zukunft. Nicht in irgendeine Zukunft, sondern genau in die Situation, in der Sie sich an die Strecke werden erinnern müssen, das heißt, wenn Sie in Ihrem Auto sitzen und zu dem Landhaus Ihrer Freunde unterwegs sind. Wenn Sie sich diese Bilder gemacht und in die Zukunft versetzt haben, um sie auf der Fahrt wieder abrufen zu können, vergleichen Sie sie mit Ihren Notizen. Wahrscheinlich müssen Sie einige Bilder korrigieren oder präzisieren: nicht das zweite, sondern das dritte Haus, die Straße auf der rechten Seite etc.

Wie können Sie Ihrem Kind dabei helfen, sich etwas einzuprägen?

Ganz einfach dadurch, dass Sie mit ihm zusammen die allgemeinen Regeln anwenden, die Sie gerade entdeckt haben. Und indem Sie ihm jedes Mal eine klare Zielvorgabe machen:
- »Schau Dir in Deinem Buch das Schema des Verdauungsapparats an, lies den dazugehörigen Text, und versuche, beides in Deinen Kopf hineinzubringen.« (→ Bildung einer Vorstellung)

43

- »Versetze diese Bilder in die Situation, in der Du sie wieder brauchst: um das Schema des Verdauungsapparats an die Tafel zeichnen, um es vor der Klasse mündlich beschreiben oder um es bei einer Klassenarbeit nachzeichnen und mit schriftlichen Erklärungen versehen zu können.« (→ Einordnen der Vorstellung in die zukünftige Wirklichkeit)
- »Jetzt überprüfe (oder: Jetzt wollen wir gemeinsam überprüfen), ob Deine Vorstellungen mit der Zeichnung und dem Text Deines Buches übereinstimmen.« (→ Prüfen der Vorstellung an der wahrgenommenen Wirklichkeit)

Mit ein wenig Übung wird Ihr Kind sich bald von allein dieser geistigen Gymnastik unterziehen können.

Wir fassen dies noch einmal zusammen:
Die Gedächtnisleistung wird nicht in dem Augenblick erbracht, in dem man nach einer Information sucht, sondern in dem Moment, in dem man sich diese Information einprägt, und zwar in folgenden Schritten:
Man bildet sich eine Vorstellung von dem, was man behalten will, dann versetzt man dieses Bild in die zukünftige(n) Situation(en), in der/denen man sich daran erinnern muss, und schließlich kontrolliert man, ob das Bild, das man sich gemacht hat, mit der Wahrnehmung dessen, was man behalten will, übereinstimmt, und korrigiert das Bild so lange, bis es zufriedenstellend ist (das heißt, bis es der wahrgenommenen Wirklichkeit entspricht).

Bevor wir weitergehen, schlagen wir Ihnen vor, dieses Buch zu schließen und sich das, was Sie von diesem Kapitel über das Gedächtnis behalten haben, in Ihrem Geist vorzustellen. Sie werden wahrscheinlich feststellen, dass Sie nicht alles behalten haben. So ist es ratsam, diejenigen Passagen, die Sie sich nicht eingeprägt haben, noch einmal zu lesen mit dem Ziel, sie wieder abrufen zu können, sobald Sie das Buch geschlossen haben. Auf diese Weise werden Sie dazu gezwungen, Ihre Lektüre mit der Vorstellung, die Sie sich von ihr gemacht haben, zu vergleichen und beide miteinander in Übereinstimmung zu bringen. Damit haben Sie sich das Kapitel über die Gedächtnisleistung eingeprägt.

4. _Verstehen heißt, sich etwas zu eigen zu machen_

»Sag, warum ist es am Tag hell und in der Nacht dunkel?« – »Weil die Erde sich in vierundzwanzig Stunden um sich selbst dreht. Die der Sonne ausgesetzte Fläche bleibt daher nicht dieselbe. Wenn es auf der einen Seite der Erde Tag ist, ist es auf der anderen Nacht.« – »Aha!«

Hat das Kind die Erklärung verstanden? Vielleicht, aber sicher ist das nicht. Ist die Erklärung falsch? Nein, es ist völlig richtig, dass das beobachtete Phänomen durch die Erdumdrehung bewirkt wird. Ist sie nicht klar genug? Doch, die Erklärung ist einfach und deutlich formuliert. Warum kann man dann nicht mit Sicherheit davon ausgehen, das Kind habe verstanden?

Fragen wir Kinder, die in der Schule gerade dieses Phänomen entdeckt haben. Was haben sie verstanden?

»Das ist wie ein Fußball, der sich wie ein Kreisel dreht, aber langsamer, einen ganzen Tag lang. Darum ist natürlich nicht alles gleichzeitig an der Sonne.«

»Wir haben den Eindruck, dass die Sonne sich um die Erde dreht, aber in Wirklichkeit bewegt sie sich nicht, wir bewegen uns. Aber nicht schnell, deshalb fallen wir nicht um, wir merken es nicht einmal.«

»Das kann man verstehen, wenn man wie die Lehrerin kleine Aufkleber auf eine Orange klebt. Wenn man dann die Orange neben einer Lampe dreht, sind die Aufkleber abwechselnd beleuchtet und im Schatten.«

»Wenn meine Mutter mir sagt, dass ich im Schatten spielen soll, gehe ich am Morgen hinter das Haus und am Abend vor das Haus. Weil die Erde sich gedreht hat. Und nachts ist überall im Garten Schatten.«

»Schwer zu verstehen ist, dass die Erde sich um sich selbst dreht. Das heißt, sie dreht sich, ohne sich von der Stelle zu bewegen. Darum ist sie natürlich nicht überall gleich beleuchtet.«

»Es ist kein Zufall, dass am Tag Schule ist, weil man die Zeit erfunden hat, als man gesehen hat, wie die Erde sich dreht und wann sie von der Sonne beleuchtet wird.«

Die Kinder haben verstanden, jedenfalls das Wesentliche. Und sie drücken das, was sie verstanden haben, auf ganz unterschiedliche Weise aus. Ihre geistigen Bilder sind individuell verschieden und sehr persönlich.

46

Die Lehrerin hat alles getan, damit jedes Kind sich seine eigene Version machen konnte, seine eigene Interpretation des Phänomens. Wie ist sie dabei vorgegangen? Zuerst hat sie verschiedene Erklärungen gegeben, um möglichst viele Vorstellungsmöglichkeiten anzubieten. Sie hat denjenigen, die sich spontan auditive Bilder machen, mündliche Erklärungen gegeben, und denjenigen, die sich eher visuelle Bilder machen, auf einer Orange die Licht- und Schattenzonen gezeigt. Dann hat sie jedes Kind gebeten, sich in seinen eigenen Worten auszudrücken. Jedes hat auf seine Weise selbst formuliert, was es verstanden hat – in seiner eigenen Sprache und mit seinen Bildern. Jedes Mal, wenn sie die Interpretation für richtig hielt, hat sie das Kind bestätigt. War die Antwort falsch oder unvollständig, hat sie diese korrigiert, immer ausgehend von den Bildern, die das Kind ihr geliefert hat.

Damit können wir das Verstehen in seinem Wesen begreifen: Verstehen heißt, sich etwas zu eigen zu machen, sich den Sinn anzueignen.

Keine Erklärung ist für sich genommen gut oder schlecht. Sie ist dann gut, wenn sie es ermöglicht, dass wir uns das, was wir verstehen möchten, auch wirklich zu eigen machen.

Anwendungsbezogenes und erklärendes Verstehen

Im schulischen Bereich unterscheidet man zwei Arten des Verstehens: das praktische, auf die Anwendung bezogene Verstehen und das analytische, erklärende Verstehen.

Ihr Sohn hat in der Schule den Satz des Pythagoras gelernt. Kann er ihn wirklich? »Ja, natürlich«, bekommen Sie zur Antwort. »Er lautet: In einem rechtwinkligen Dreieck ist das Quadrat der Hypotenuse gleich der Summe der Quadrate der beiden anderen Seiten.« Hat er diesen Satz auch verstanden? Sie erhalten eine erste Antwort, wenn er ihn zum ersten Mal in einer Übung anwenden muss: In einem rechtwinkligen Dreieck ABC misst die Hypotenuse BC 5 cm und die Seite AC misst 3 cm. Wieviel misst die Seite AB? Wenn er diese Aufgabe lösen kann, hat er ein anwendungsbezogenes Verständnis des Satzes, das heißt, wenn er einem rechtwinkligen Dreieck begegnet, kann er den Satz anwenden und das gestellte Problem lösen. Eine andere Antwort erhalten Sie, wenn es darum geht, die Aussage des Satzes zu belegen. Wenn Ihrem Sohn dies gelingt, hat er ein analytisches Verständnis des Satzes, er kann diesen erklären.

Es gibt daher zwei Definitionen des Wortes »verstehen«:
1. verstehen im Sinne von »etwas anwenden können«
2. verstehen im Sinne von »etwas erklären können«.

Dieser Unterschied ist sehr wichtig. Wenn Sie Ihrem Kind die Frage stellen: »Hast Du den Satz des Pythagoras verstanden?«, so kann es interpretieren: »Kannst Du ihn anwenden?« (anders gesagt: »Kannst Du Deine Hausaufgaben machen?«); oder: »Kannst Du ihn belegen?« (anders gesagt: »Kannst Du Deine Lektion?«)

Aber wie auch immer Ihr Kind antwortet, wir wissen nicht, welchen Weg es gegangen ist, um den Satz des Pythagoras zu verstehen, und wir geraten selbst leicht in Verlegenheit, wenn wir ihm diesen Satz wieder erklären sollten. Mehr noch als alle anderen geistigen Tätigkeiten scheint das Verstehen etwas Magisches an sich zu haben. Manche Kinder verstehen eine Erklärung und andere nicht. Und manchmal genügt es, andere Worte zu gebrauchen, damit es plötzlich »klick« macht. Vielleicht haben Sie dann das Gefühl, dass es sich eben so ergibt. Oder Sie sagen sich, der eine kann eben gut erklären, der andere nicht.

Verstehen hat nichts mit Magie zu tun

Man kann den Vorgang des Verstehens beschreiben und sich darin üben, es richtig zu machen. Worin besteht er?

Ein Kind nimmt zuerst den Gegenstand wahr, den man ihm präsentiert, zum Beispiel den Satz des Pythagoras. Es betrachtet ihn sodann aufmerksam und versucht, sich eine Vorstellung davon zu bilden, das heißt, es macht sich ein Bild von ihm, das visueller Natur sein kann – dann sieht es in seinem Kopf den geschriebenen Text des Satzes des Pythagoras oder die Figur des rechtwinkligen Dreiecks – oder es ist auditiver Natur – dann hört es in seinem Kopf die Stimme des Lehrers, wie dieser den Satz formuliert – oder aber es ist verbaler Natur – dann sagt Ihr Kind sich den Satz in seinem Kopf vor. Es vergegenwärtigt sich dieses geistige Bild zu wiederholten Malen, bis der Sinn ihm akzeptabel erscheint.

Diese Vorstellungen können der Erklärung entweder genau entsprechen (das Kind stellt sich den Satz so vor, wie er im Buch geschrieben steht): In diesem Fall sprechen wir von *Reproduktion*.

Oder das Kind verändert, was es wahrgenommen hat, um es sich vorstellen zu können. (Es kann sich zum Beispiel den Satz vorstellen: »In einem rechtwinkligen Dreieck ist das Quadrat des größeren Schenkels gleich der Summe der Quadrate der beiden kleineren« oder »Wenn ein Dreieck rechtwinklig ist, so ist die dem rechten Winkel gegenüberliegende Seite ins Quadrat erhoben die Summe der Quadrate der beiden anderen« oder »Wenn ABC in A rechtwinklig ist, dann $BC^2 = AB^2 + AC^2$«). In diesem Fall sprechen wir von *Interpretation*.

Manche Kinder verstehen eher durch Reproduzieren, andere tendieren zur Interpretation. Wir werden später sehen, dass diese beiden Gewohnheiten nicht ohne Konsequenzen sind.

Fassen wir noch einmal zusammen:
Verstehen heißt, man bildet sich zuerst eine Vorstellung des wahrgenommenen Gegenstandes (eines Textes, den man liest, eines Vortrags, den man hört, eines Vorgangs, den man beobachtet usw.). Dann formuliert man das, was man wahrgenommen hat, auf seine Weise und übersetzt es in seine eigene Sprache, so dass es für einen selbst einen Sinn ergibt. Und schließlich vergleicht man diese Übersetzung mit seiner Wahrnehmung.

Wenn uns dieser Vergleich zufriedenstellt, das heißt, wenn unsere Übersetzung dem zu entsprechen scheint, was wir wahrgenommen haben, dann halten wir sie auch für richtig und akzeptieren unsere Erklärung.

Diese Arbeit des Vergleichens ist für den Vorgang des Verstehens notwendig. Dabei entdecken wir Übereinstimmungen oder Unterschiede zwischen dem, was wir verstehen wollen (einen Vortrag, ein Buch, eine Formel) und unserer Übersetzung.

In diesem Verstehensprozess kommen wir dadurch voran, dass wir die Anzahl der Übereinstimmungen erhöhen und nach den Gründen für die von uns festgestellten Unterschiede suchen. Nach und nach erhalten wir damit eine Übersetzung, die der Sache immer näher kommt und uns schließlich akzeptabel erscheint.

Wir können durch visuelle, auditive oder verbale Bilder übersetzen. Vielleicht übersetzen wir einen Vortrag oder einen Text, den wir verstehen möchten, in visuelle Bilder von Szenen, Situationen, Figuren. Vielleicht übersetzen wir eine Figur oder eine Formel, die wir verstehen wollen, in Worte oder Sätze. Es kann aber auch sein, dass wir einen Vortrag, den wir hören, oder ein Buch, das wir lesen, in eigenen Worten wiedergeben oder für Formeln und Figuren sogar ganz persönliche Formen finden.

Bevor wir zum nächsten Kapitel übergehen, schlagen wir Ihnen vor, dass Sie die geistige Tätigkeit des Verstehens, wie wir sie eben beschrieben haben, einmal selbst auf einen Text Ihrer Wahl anwenden, der Ihnen bei einer früheren Lektüre schwierig erschien.

Lesen Sie ihn noch einmal und nehmen Sie sich vor, ihn entweder in – konkrete, abstrakte oder symbolische – visuelle Bilder zu übersetzen oder in Worte und Sätze, die Ihnen angemessen erscheinen. Vergleichen Sie Ihre Übersetzung mit dem Text, indem Sie ihn ein weiteres Mal lesen mit dem Ziel, Übereinstimmungen und Unterschiede zwischen diesem Text und Ihrer Übersetzung zu erkennen. Dies ist die Basis eines jeden Sinnverstehens.

5. Nachdenken, indem man seine Kenntnisse anwendet

»Papa, hör mal, ich kann alle Monate des Jahres auswendig: Januar, Februar, März, April, Mai, äh …, Juli, nein, Juni? Was kommt nach Mai, Juni oder Juli?« – »Wir wollen gemeinsam überlegen, Anja. Was ist im Juni, was ganz wichtig ist?« – …. – »Gibt es für Dich kein wichtiges Ereignis im Juni?« – »Der 14. Juni! Mein Geburtstag! Weißt Du, was ich mir dieses Jahr wünsche?« – »Warte, darüber sprechen wir später. Im Augenblick suchen wir eine Antwort auf Deine Frage. Hast Du nicht mitbekommen, wie bei Tisch gerade über den Monat Juli gesprochen wird?« – »Doch, Mama und Du, ihr seid euch nicht einig. Du sagst, dass Du im Juli in die Berge möchtest, und Mama will nach Italien.« – »Im Juli sind also …« – »Die großen Ferien!« – »Sehr gut. War im letzten Jahr der 14. Juni vor oder nach den Ferien?« – »Vor den Ferien, denn ihr habt mir einen Drachen geschenkt, und ich konnte nicht gleich damit spielen. Und meinen Geburtstag hat man in der Schule gefeiert, das war vorher. Also kommt Juni vor Juli! Jetzt bin ich sicher, dass ich es nicht vergesse. Danke, dass Du es mir gesagt hast.« – »Aber ich habe es Dir nicht gesagt. Du hast nachgedacht und hast selbst herausgefunden, dass Juni vor Juli kommt.« – »Ich habe es also doch gewusst, aber ich habe nicht gewusst, dass ich es gewusst habe. Deshalb also denkt man nach.« – »Genau. Also, was wünschst Du Dir zu Deinem Geburtstag?«

»Ich werde es mir überlegen, ich muss darüber nachdenken«: In der Umgangssprache benutzen wir diese Redewendung in einem sehr allgemeinen Sinn, immer wenn es darum geht, »uns unseres Verstandes zu bedienen«. Aber Nachdenken kann sehr viel genauer definiert werden. Nachdenken heißt, dass wir bei einer Frage oder einem Problem auf Gelerntes (Kenntnisse, Regeln, Erfahrungen) zurückgreifen, um eine Antwort zu finden. Wenn wir nachdenken, machen wir uns in unserem Kopf Bilder der gestellten Frage. Diese Bilder müssen so genau sein, dass wir alle aus unserer Erfahrung resultierenden Vorstellungen, die wir dafür brauchen, auch »abrufen« können. Dann wählen wir unter diesen Vorstellungen diejenigen aus, die uns am besten zu passen scheinen, wobei wir sie so »zurechtbiegen«, bis sie die Form annehmen, die es uns erlaubt, auf die gestellte Frage zu antworten.

Sehen wir uns an, wie Lisa vorgeht, wenn sie im Französischen die Konjugation der Verben im Indikativ Präsens anwendet. Die Lehrerin konjugiert an der Tafel das Verb »chanter«: je chant*e*, tu chant*es*, il chante, nous chantons, vous chantez, ils chantent, und formuliert die Regel: »Im Indikativ Präsens enden alle Verben auf –er in der zweiten Person Singular auf –es.« Lisa macht sich ein (visuelles, auditives oder verbales) Bild dieser Regel. Am nächsten Tag diktiert die Lehrerin den Satz: »Tu te promènes dans une forêt et tu chantes.« Was passiert jetzt? Lisa nimmt den Satz wahr (auditiv, da es sich um ein Diktat handelt). Dann stellt sie ihn sich vor (visuell, auditiv oder verbal). Und dann ruft sie die Regel ab, die sie am Tag zuvor registriert hat, indem sie sich in ihrem Kopf ein Bild von ihr gemacht hat. Und schließlich wendet sie die Regel an, indem sie den diktierten Text mit der Regel vergleicht, und schreibt korrekt »tu te promènes« und »tu chantes«.

Jeder Schritt zählt

Als Lisa so vorgegangen ist, war ihr nicht jeder ihrer Schritte wirklich bewusst. In ihrem Kopf haben sie sich fast von allein miteinander verknüpft. Aber viele ihrer Klassenkameradinnen haben Fehler gemacht und in ihr Heft geschrieben »tu te promène« und »tu chante«. Heißt das, dass sie dazu verurteilt sind, ihr Leben lang »schlecht in Französisch« zu sein? Natürlich nicht, sie haben nur nicht die notwendigen geistigen Tätigkeiten ausgeführt. Sie waren zwar anwesend, als die Lehrerin das Verb »chanter« an der Tafel konjugiert und die entsprechende Regel formuliert hat. Sie haben sogar »aufgepasst«, denn sie haben weder an etwas anderes gedacht noch geschlafen. Aber nur dem Anschein nach, denn sie haben nicht versucht, die Regel in ihren Kopf hineinzubringen (vielleicht, weil man Ihnen nicht erklärt hat, wie, oder weil man ihnen dazu keine Zeit gelassen hat). Bei dem Diktat am nächsten Tag sind sie nicht in der Lage, die Konjugationsregel in ihrem Kopf abzurufen, weil sie sich weder vorgenommen hatten, sich bei einem Diktat diese Regel wieder vergegenwärtigen zu können, noch in dem Augenblick, als sie die Regel hörten, sich eigene Vorstellungen von ihr zu bilden. Andere haben sich zwar in ihrem Kopf ein Bild von dieser Regel gemacht, aber als die Lehrerin diktierte »tu te promènes« und »tu chantes«, haben sie nicht versucht, sich diese Worte in ihrem Kopf zu vergegenwärtigen, sie haben also nicht bewusst zugehört und sind nicht in der Lage, die Regel anzuwenden, da sie nicht über den Gegenstand (die eben diktierten Worte) verfügen, auf den sie diese anwenden sollen. Einige andere wiederum haben ein Bild der Regel in ihrem Kopf und ein Bild der diktierten Wörter, aber sie stellen zwischen beiden keine Verbindung her.

Möglicherweise erscheint Ihnen diese Darstellung reichlich umständlich, vor allem wenn man bedenkt, wie einfach das gewählte Beispiel ist. Aber für Ihr Kind kann es durchaus schwierig sein, scheinbar einfache Regeln anzuwenden. Wenn Sie nicht wissen, wie das Nachdenken funktioniert, können Sie ihm nicht helfen. Und es funktioniert nicht anders, wenn es um die Lösung eines mathematischen Problems oder eine anspruchsvolle philosophische Argumentation geht.

6. Seine Fantasie befreien

Erinnern Sie sich daran, wie Sie in Ihrem Gedächtnis nach dem vergessenen Namen des Klempners suchten? Wir haben gesehen, dass man sich eine Sache in dem Augenblick einprägen muss, in dem sie wahrgenommen wird (in unserem Beispiel: dann, wenn man den Namen des Klempners hört) und nicht erst dann, wenn wir unser Gedächtnis bemühen sollen. Das Gleiche gilt für die Fantasie.

Fünf befreundete Paare feiern jedes Jahr gemeinsam Silvester. Jedes Paar ist abwechselnd dafür zuständig, einen originellen Abend zu organisieren: ein festliches Abendessen, einen Spieleabend, einen Abend der Erinnerungen usw., an guten Ideen hat es nie gefehlt und alle erinnern sich gerne daran. Diesmal sind Monika und Klaus an der Reihe, die Gäste zu empfangen und je näher das bedeutungsvolle Datum rückt, desto größer werden ihre Befürchtungen. Vergeblich zerbrechen sie sich den Kopf, es fällt ihnen keine auch nur annähernd originelle Idee ein. Sie drehen sich im Kreis, bedauern es, so wenig kreativ zu sein und beneiden ihre Freunde um ihre überraschenden, scheinbar mühelosen Einfälle. Je länger sie suchen, desto mehr stoßen sie auf das paradoxe Phänomen, dass die einzigen »originellen« Ideen, die ihnen in den Sinn kommen, lediglich Themen der vergangenen Jahre imitieren. Heißt das, dass das Repertoire an guten Ideen bereits erschöpft ist? Natürlich nicht. Aber der Irrtum von Klaus und Monika ist es zu glauben, dass der Aufwand an kreativer Fantasie unmittelbar jetzt zu erbringen sei, während dies im

Verlauf der früheren Silvesterabende hätte geschehen müssen. An diesen Abenden waren sie in ihrem Geist durchaus tätig, da sie heute noch in der Lage sind, die Kleidung der einzelnen Gäste genau zu beschreiben, alle blauen Gegenstände aufzuzählen oder zu sagen, wer am Ende des Spieleabends Sieger war. Monika und Klaus hatten sich vorgenommen, alles ganz genau zu beobachten, um ihrerseits einen gelungenen Abend bieten zu können. Tatsächlich aber hatte ihr Wunsch, »es genauso gut zu machen wie die anderen«, zur Folge, dass sie lediglich das reproduzieren können, was sie wahrgenommen haben. Wenn sie nun nach der rettenden Idee suchen, bleiben sie dieser Absicht verhaftet.

Nehmen wir ein anderes Beispiel: Martina und Michael wollen umziehen und schauen sich daher Wohnungen an. Im Folgenden geben wir ihr Gespräch nach einer dieser Wohnungsbesichtigungen wieder.

Martina: »Also, wie fandest Du es?« – Michael: »Insgesamt gut, sehr funktional. Aber vielleicht etwas trist, vor allem das Wohnzimmer.« – Martina: »Ja, aber ich stelle mir eine schöne lachsfarbene Textiltapete vor und unseren Halogenstrahler in der kleinen Ecke gegenüber dem Fenster. Wir könnten dort einen netten Sessel hinstellen und den niedrigen Tisch. Ich denke auch, dass man aus der komischen Diele etwas Witziges machen könnte, zum Beispiel ...« – Michael: »Aber diese beiden kleinen Räume ganz hinten, schade darum. Bei dem Quadratmeterpreis ist das reine Verschwendung. Sie benutzen sie als Abstellkammer. Aber wir haben nicht so viel Kram.« – Martina: »Nein, aber schau mal: Wenn man die Zwischenwand rausreißt, kann man ein prächtiges Spielzimmer für die Kinder daraus machen. Was hältst Du davon?« – Michael: »Ich weiß nicht, ich bin mir darüber noch nicht im Klaren. Wir müssten noch mal hingehen, um eine Vorstellung davon zu bekommen. Ich frage mich auch, ob das nicht eine tragende Wand ist. Und dann müsste man prüfen, ob die Eigentümergemeinschaft es nicht verbietet, Wände rauszureißen …«

Martina und Michael haben das Gleiche wahrgenommen. Beide achteten sie auf den Zustand der Wohnung, denn als sie wieder draußen sind, haben beide bestimmte Bilder von dieser Wohnung im Kopf. Außerdem kommen beide zu einem annähernd gleichen Urteil. Beide beklagen den tristen Charakter des Wohnzimmers und die zu kleinen Räume. Worin unterscheiden sich also ihre jeweiligen Vorstellungen?

Michaels Gedankenbilder reproduzieren das, was er wahrgenommen hat. Sie sind zwar nicht frei von Kritik (»funktional«, »trist«, »schade darum«), aber sie implizieren nicht den Versuch einer Veränderung. Er sieht eine dunkle Ecke und registriert sie als solche. Er sieht, dass die beiden hinteren Zimmer als Abstellkammer dienen und kann sich keine andere Verwendung vorstellen. Und vor allem ist er in seinen Vorstellungen nicht als Handelnder präsent. Sie drängen sich ihm auf wie eine von ihm getrennte Realität.

Martina hingegen geht völlig in den Bildern auf, die sie sich von der Wohnung gemacht hat (»ich stelle mir vor«, »man könnte … hinstellen«, »man könnte … daraus machen«). Und diese Bilder sind ihr nicht erst im Laufe ihres Gesprächs mit Michael in den Sinn gekommen. Gleich als sie die hässliche Tapete gesehen hat, die dunkle Ecke, die große Diele und die beiden unnützen Räume, hat sie sich die ihr notwendig erscheinenden Veränderungen vorgestellt. Sie hätte jetzt gerne, dass Michael die gleichen Bilder »sieht« wie sie (»Schau mal ...«, »Was hältst Du davon?«) Aber dazu ist es zu spät. Es ist kein böser Wille, wenn Michael die Wohnung noch einmal sehen möchte, um »eine Vorstellung zu bekommen«, oder wenn er Vorbehalte formuliert (tragende Wand, Reglement der Eigentümergemeinschaft), aber er ist an seine (unbewusste) Strategie der reproduzierenden Vorstellung gefesselt, mit der er die Wohnung besichtigt hat.

Heißt das, dass es Michael völlig an Fantasie mangelt? In seinem Unternehmen wenden sich alle an ihn, wenn es darum geht, schnellere und effizientere Verfahren zu finden. Es gelingt ihm regelmäßig, in wenigen Stunden die Lösung für ein Problem zu finden, mit dem andere sich bereits seit Tagen herumschlagen. Aber wenn Michael eine Wohnung besichtigt, wendet er nicht die geistige Strategie an, die ihm im Berufsleben so gut gelingt. Trotz seiner Intelligenz hat er nie diese »erfolgreiche« Vorgehensweise analysiert und kann sie daher nicht auf ein anderes Gebiet übertragen.

Man kann sich leicht vorstellen, welche Gedanken Martina und Michael nach dieser kurzen Diskussion beschäftigen. Frustriert, weil er »nichts sieht«, glaubt Michael, dass Martina, »wo sie hinkommt, immer alles niederreißen will, ohne sich darum zu kümmern, ob das erlaubt ist«, und Martina wird sich sagen, dass Michael »ein Miesmacher ist, der alle ihre guten Ideen niedermacht und, ohne es zugeben zu wollen, keine Lust hat umzuziehen«.

Welche Regeln lassen sich aus diesen beiden Beispielen ableiten?

1. Die geistige Tätigkeit, die die Fantasie in Gang setzt, findet im Augenblick der Wahrnehmung statt. Wenn nicht, nützt es wenig, sich später den Kopf zu zerbrechen, um auf gute Ideen zu kommen.

2. Die Absicht, die man im Augenblick oder bereits vor der Wahrnehmung hat, ist dabei von wesentlicher Bedeutung. Sie wirkt wie ein Stempel, den man auf einer Akte anbringt.

3. Wenn diese Absicht darauf abzielt, das Wahrgenommene zu reproduzieren, ohne eine persönliche Note hineinzubringen, hindert man sich eben dadurch selbst daran, kreative Fantasie zu entwickeln. Jedes Mal, wenn man in seinem Kopf diese Akte wieder öffnet, taucht der Stempel »Zur Reproduktion« auf. In diesem Fall sagen wir, dass man sich etwas »in der dritten Person« vorstellt.

4. Wenn wir hingegen die Absicht haben, uns persönlich einzubringen, uns von dem, was wir wahrnehmen, eigene Bilder, Worte und Sätze zu machen, können wir später, wenn wir die Akte im Kopf wieder öffnen, diese Bilder verwandeln und kreativ werden. Wir sagen in diesem Fall, dass man sich etwas »in der ersten Person« vorstellt.

Ausgehend von diesen Regeln wollen wir uns jetzt ansehen, wie Sie die kreativen Fähigkeiten Ihres Kindes entwickeln können.

Uwe und Caroline sind in derselben Klasse. In der letzten Zeit waren unter anderem das Meer und die

Fischerei Thema des Unterrichts. Die Lehrerin bittet die Kinder, sich zu Hause alles anzuschauen, was sie über dieses Thema in ihrem Heft aufgeschrieben haben, denn »am Donnerstag gibt es eine Klassenarbeit«. Uwe und Caroline, die »gute Schüler« sind, haben, jeder für sich und mit Hilfe ihrer Mutter, auf diese Klassenarbeit hin gelernt. Am Donnerstag schreibt die Lehrerin das Thema der Arbeit an die Tafel: »Erzähle den Tagesablauf eines Fischers!« Uwe legt sofort los, das Thema scheint ihn zu interessieren und er schreibt voller Begeisterung. Caroline dagegen scheint wie gelähmt. Sie hat das Thema der Arbeit auf ihr Blatt geschrieben und schaut darauf, als verstünde sie rein gar nichts. Als die Lehrerin sie fragt, was los sei, antwortet sie ausweichend. Natürlich versteht sie, was »erzählen« heißt und was »der Tagesablauf eines Fischers« bedeutet; aber sie weiß nicht, wie sie anfangen soll, sie hat keine Ideen.

Wie läßt sich dieser Unterschied im Verhalten der beiden erklären? Caroline hat zu Hause mit ihrer Mutter gearbeitet. Sie hat alles, was in ihrem Heft stand, noch einmal gelesen. Die Mutter ließ sie ihre Lektion aufsagen und bestand darauf, dass sie diese auswendig lernte. Dann stellte sie ihr Fragen: Welches sind die größten Fischereihäfen Europas? Wo liegen sie auf der Karte? Welche Fischereitechniken werden heute angewandt? Sie ermahnte Caroline, wenn diese »vom Thema abkam«, mit ihren Gedanken nicht abzuschweifen, und korrigierte sie jedes Mal, wenn sie ein ihrer Meinung nach falsches Wort gebrauchte. Caroline glaubte daher, für die Arbeit bestens vorbereitet zu sein. Aber in ihrem Heft gibt es keinen Abschnitt, der »Tagesablauf eines Fischers« heißt. Für die Arbeit hätte sie ihre erlernten Kenntnisse anwenden und einen eigenen Text verfassen, also kreativ sein müssen. Stattdessen bleibt sie an das Ziel der Reproduktion gebunden, das sie zusammen mit ihrer Mutter formuliert hat. Fast könnte sie ihrer Lehrerin sagen, der missglückte Test sei ungerecht.

Natürlich ist das kein Drama, wenn es nur um eine verpatzte Klassenarbeit geht. Aber man kann sich leicht die Konsequenzen einer solchen elterlichen Haltung vorstellen, wenn diese sich bei jeder passenden und unpassenden Gelegenheit manifestiert. Das Kind läuft Gefahr, wenig kreativ zu sein, denn jedes Mal, wenn es versucht, seine Fantasie zu beflügeln, wird es von seinen Eltern sogleich wieder auf den Boden zurückgeholt.

Und wie ist es bei Uwe? Auch Uwe hat gearbeitet, um sich auf die Klassenarbeit vorzubereiten. Seine Mutter hat ihn gebeten, allein in seinem Heft zu lesen und ihr danach zu erzählen, was er behalten hat. Sie hat ihm gesagt, er solle sie erst dann rufen, wenn er sich dazu bereit fühle und hat ihm den Rat gegeben, sich den Inhalt selbst vorzusagen, um sicherer zu werden. Als Uwe erzählt, was er behalten hat, tut er dies nicht immer in den Worten des Heftes, sondern mit seinen eigenen Worten. Und er spricht nicht nur über das, was er in der Schule gelernt hat, sondern auch über den Walfang (über den er im Fernsehen einen Dokumentarfilm gesehen hat) und über einen Ferienausflug ans Meer, »an einem Tag, als es schrecklich kalt war«. Er sagt auch, dass er das Meer sehr mag, dass er aber nicht Fischer sein möchte, denn »das ist ein zu hartes Leben, so weit weg von der Familie, und genügend Geld verdient man damit auch nicht«. Seine Mutter hat ihn dabei nicht unterbrochen. Sie hat ihm lediglich einige orientierende Fragen gestellt: Warum? Wie? Und Du, was hältst Du davon? Nur einmal hat sie ihn korrigiert, weil er in seiner Begeisterung verschiedene Häfen miteinander verwechselte. Beide haben sie gemeinsam nach der entsprechenden Stelle im Heft gesucht und Uwe hat die Namen der Häfen in der Reihenfolge ihrer Bedeutung gelernt. Als er den Ausdruck »Basislager« verwendet, korrigiert seine Mutter ihn freundlich und meint, Seeleute würden sicherlich eher von »Heimathafen« sprechen. Und schließlich beschäftigen sie sich gemeinsam mit den großen Fischereirevieren der Welt, die Uwe übergangen hat.

Man versteht ohne weiteres, warum Uwe sich mit der Behandlung des Themas sehr viel leichter tut. Er hat sich bei seiner Vorbereitung persönlich engagiert und sich mit seinen Vorstellungen das Thema »in der ersten Person« angeeignet.

Der von Uwes Mutter angewandten Methode können wir zwei weitere Regeln entnehmen:

1. Der Fantasie freien Lauf zu lassen heißt nicht, alles zu akzeptieren. Wenn ein anderes Wort den Sinn eines Satzes nicht signifikant verändert und dem Kind dabei hilft, sich diesen Sinn anzueignen, spricht nichts dagegen. Wenn die Hinzufügung eines persönlichen Details dem Kind erlaubt, den Lernprozess aktiv zu gestalten, sollte dies bereitwillig akzeptiert werden. Aber wenn die Änderung eine

Verkehrung des Sinns oder einen Irrtum zur Folge hat (im obigen Beispiel bei den wichtigsten Häfen), so muss man natürlich korrigierend eingreifen.

2. Die Tätigkeit der kreativen Fantasie besteht nicht nur darin, sich Bilder von seiner Wahrnehmung zu machen, bei denen man sich persönlich engagiert (also Vorstellungen »in der ersten Person«). Diese Bilder müssen wiederum mit der Wahrnehmung verglichen und es muss geprüft werden, ob sie mit der Wirklichkeit übereinstimmen.

Kreative Fantasie ist für den schulischen Erfolg Ihres Kindes von grundlegender Bedeutung. Prüfungen, die lediglich an das Gedächtnis appellieren und nicht auch eine gewisse kreative Fantasie verlangen, sind eher selten. Und über die Schule hinaus ist kreative Fantasie bei jeder Tätigkeit, die persönliches Engagement erfordert, unverzichtbar.

Wie beim Verstehen unterscheidet man zwischen zwei Kategorien kreativer Fantasie.

Erfinder und Entdecker:
zwei Typen kreativer Fantasie

Berufe in der Forschung etwa verlangen natürlich ständig Fantasie. Aber welche Art Fantasie?

Einige Forscher beobachten das Auftreten und den Verlauf einer bestimmten Krankheit, sie interessieren sich für die auslösenden Ursachen, machen statistische Analysen der betroffenen Bevölkerungsschichten, versuchen, die Veränderung der Zellen des Organismus zu verstehen. Bei diesen Forschern handelt es sich um *Entdecker*. Sie beobachten die Wirklichkeit, um in ihr eine verborgene Dimension zu entdecken, die schon vorhanden war, bevor sie danach suchten. Sie versuchen, eine Antwort zu finden auf die Frage »Warum?«.

Andere Forscher hingegen entwickeln Medikamente, die den Krankheitsverlauf verlangsamen oder aufhalten, und Impfstoffe, die die Krankheit verhüten sollen. Das sind *Erfinder*. Ihr Ziel ist es, etwas zu produzieren, was vorher nicht existierte. Sie wollen die Mittel finden, die einem Mangel abhelfen. Sie versuchen, eine Antwort zu finden auf die Frage »Wie?«.

Natürlich arbeiten beide Forschertypen auf dasselbe Ziel, die Bekämpfung der Krankheit, hin. Ihre Forschungen sind eng miteinander verknüpft. Ein »Erfinder«, der nach Mitteln sucht, die Krankheit zu behandeln, muss sich ständig über die Entdeckungen auf dem Laufenden halten, die den Ausbruch und den Verlauf der Krankheit betreffen. Umgekehrt verfolgen die »Entdecker« aufmerksam die Fortschritte der »Erfinder«.

Im zweiten Teil dieses Buchs werden wir sehen, wie wir unseren Kindern dabei helfen können, sich diese beiden Formen kreativer Fantasie anzueignen und ihre Entwicklung zu trainieren.

7. Leben heißt geistige Lebendigkeit

Auch wenn Sie jetzt eine klare Vorstellung von den einzelnen geistigen Tätigkeiten haben, können Ihnen die Dinge sowohl komplizierter als auch einfacher erscheinen:

1. Komplizierter, weil die geistigen Tätigkeiten der Aufmerksamkeit, des Sich-etwas-Einprägens, des Verstehens, des Nachdenkens oder der kreativen Fantasie selten isoliert stattfinden. Bei den meisten geistigen Aktivitäten sind diese elementaren Handlungen eng miteinander verknüpft. Ein Verkäufer erklärt Ihnen die Funktionsweise eines Fotoapparats, den Sie zu kaufen beabsichtigen. Sie hören ihm aufmerksam zu und versuchen, die Grundfunktionen des Apparats zu verstehen und zu behalten. Sie denken darüber nach, ob der Kauf gerechtfertigt ist. Und Sie stellen sich vor, wie Sie in den Ferien Fotos von Ihrer Familie machen.

2. Einfacher, weil man sich zum Glück nicht ständig Rechenschaft ablegt über Form und Inhalt seiner geistigen Strategien. Das bezwecken wir auch nicht. Manche Kinder praktizieren diese Strategien von ganz allein, ohne dass wir ihnen diese zu beschreiben und mit ihnen einzuüben brauchen. Und sogar die »Erfolgreichen« haben nicht auf allen Gebieten den gleichen Erfolg. Es ist unser Recht und unsere Pflicht, ihnen dabei zu helfen.

Diese Analyse der geistigen Strategien vor allem bei Kindern mag Ihnen sehr trocken und »technisch« erscheinen. Sie hat aber den Vorteil, dass wir dadurch besser verstehen, »was in seinem/ihrem Kopf abläuft« und unsere Kinder dadurch besser fördern können.

Jeder Mensch hat sein eigenes geistiges Leben

1. Jede geistige Tätigkeit ist zielgerichtet

Um unsere geistigen Tätigkeiten effektiv zu nutzen, müssen wir uns zunächst klarmachen, welches Ziel wir dabei im Einzelnen verfolgen.

Andrea ist fünfzehn Jahre alt. Sie ist fleißig, sorgfältig und gehört in ihrer Klasse zum »guten Durchschnitt«. Ihre schulischen Leistungen sind solide, ohne besondere Glanzleistungen. Da sie sich ihr Pensum gut einteilt, ist sie nie mit der Arbeit im Verzug.

Als sie eines Abends von der Schule nach Hause kommt, schließt sie sich gleich in ihrem Zimmer ein und kommt bereits nach einer Viertelstunde wieder heraus. Ihre Mutter wundert sich über diese ungewohnte Schnelligkeit: »Sag mal, Du bist heute Abend aber schnell fertig mit Deiner Arbeit.« – »Ja, ich bin fertig. Ich musste nur noch etwas lesen für den Wirtschaftskundeunterricht morgen.« – »Was denn?« – »Einen Artikel über den wirtschaftlichen Aufschwung in den Vereinigten Staaten.« – »Und damit bist Du schon fertig?« – »Ja, der Lehrer hat uns nur gesagt, dass wir ihn lesen sollen. Das habe ich getan. Was soll ich denn sonst noch machen?« Warum sollte Andrea ein schlechtes Gewissen haben? Sie ist der Meinung, ihre Aufgabe erledigt zu haben, denn sie hat ihren Text gelesen, wie ihr Lehrer es verlangt hatte

(zumindest hat sie dessen Anweisung so aufgefasst).
Aber wir haben das unbestimmte Gefühl, dass das
nicht alles sein kann, dass noch etwas hinzukommen
muss. Aber was? Dazu schlagen wir Ihnen folgende
kleine Übung vor:

Lesen Sie aufmerksam den folgenden Text:

> *Der Herrscher im Zeichen des Herbstes ist der*
> *mich lenkt*
> *Drum sind die Früchte mir lieb die Blüten*
> *zuwider*
> *Und jedem Kuss muss ich nachtrauern, den ich*
> *verschenkt*
> *So klagt ein geplünderter Nussbaum dem Wind*
> *seine Schmerzenslieder*

GUILLAUME APOLLINAIRE

Sagen Sie jetzt diesen Text, ohne ihn noch mal zu
lesen, auswendig auf. Schließen Sie die Augen, und
versuchen Sie, sich die Passagen, die Sie behalten
haben, vorzusagen. Das Ergebnis wird sicherlich zu
wünschen übrig lassen und Sie werden sich frustriert
sagen: »Das geht entschieden zu weit, ich habe das
Gedicht doch nicht gelesen, um es auswendig zu lernen!« Damit sagen Sie jedoch etwas ganz Wesentliches: Um zu wissen, *wie* Sie das Gedicht lesen sollen,
hätten Sie wissen müssen, *warum* oder *wozu* Sie es
lesen sollen. Sie hätten dann Ihre geistige Tätigkeit
auf dieses Ziel hin ausrichten können.

Da Sie unserem Buch bis hierher gefolgt sind,
haben Sie den Gedichtauszug wahrscheinlich auf-

merksam gelesen und sich dabei in Ihrem Kopf Bilder und Vorstellungen gemacht, allerdings nicht mit dem Ziel, sich den Text einzuprägen. Wenn Sie ein solches Ziel nicht haben, ist es, als ob Sie sich ohne Kompass in einem Wald verirrt hätten und von Ihnen verlangt würde, einfach weiterzulaufen. Aber in welche Richtung sollten Sie laufen? So droht Ihre geistige Aktivität ohne Richtung und ohne vorgegebenes Ziel ins Leere zu laufen.

Mit welcher Absicht kann man das Gedicht Apollinaires lesen? Es gibt viele Möglichkeiten. Ich kann es lesen mit dem Ziel, es zu verstehen. So kann ich zum Beispiel versuchen, auf folgende Fragen eine Antwort zu finden: Was bedeutet »Herrscher im Zeichen des Herbstes«? Warum trauert der Dichter jedem seiner Küsse nach? Welche Schmerzenslieder mag ein geplünderter Nussbaum wohl singen? Ich kann es aber auch lesen, um eine Antwort auf die Frage zu finden: Warum bricht Apollinaires Stil mit anderen Gedichten vom Anfang des 20. Jahrhunderts? In diesem Fall werde ich in Gedanken alles zusammentragen, was ich über die Dichter dieser Zeit und deren Stil weiß und ich werde diese Vorstellungen mit denjenigen konfrontieren, die ich mir bei meiner Lektüre gemacht habe. Ich kann das Gedicht aber auch in kreativer Absicht lesen, zum Beispiel, weil ich vorhabe, ein Bild nach seinen Motiven zu malen.

In allen Fällen ist unser erster Vorschlag (»Lesen Sie den Text aufmerksam«) nicht falsch: Man kann ihn übernehmen, aber er reicht nicht aus. Es fehlt ihm etwas Wesentliches, nämlich das Ziel, das unseren geistigen Tätigkeiten eine Richtung gibt. Dieses Ziel, das wir uns vornehmen, ermöglicht uns die richtige Wahl der dafür geeigneten geistigen Aktivitäten.

Im Alltag verfolgen wir vielerlei Absichten und Ziele, mit denen wir bestimmte geistige Aktivitäten verbinden. So kann ich, um meine Ferien vorzubereiten, im Fernsehen eine Sendung über Korsika anschauen und mir vornehmen, Bilder von vier oder fünf Ausflugszielen im Norden der Insel im Gedächtnis zu behalten. Oder ich kann, wenn ich mein Unternehmen ausbauen will, ohne mich allzu sehr zu verschulden, ein Buch über Investitions- und Finanzierungsfragen lesen, um die für mich interessanten Abschnitte zu verstehen und die Informationen später wieder abzurufen und auf mein Unternehmen anzuwenden.

An diesen Beispielen kann man sehen, dass unsere Chancen für das Gelingen um so größer sind, je präziser unsere Absichten sind, je genauer wir das anvisierte Ziel bestimmt haben. Die Zeit, die wir dafür aufwenden, das Ziel zu präzisieren, ist keine verlorene Zeit, ganz im Gegenteil. Wenn man glaubt, auf präzise formulierte Absichten, auf ein genaues Ziel verzichten zu können, riskiert man stattdessen einen großen Zeitverlust.

Diese Situation begegnet uns ziemlich häufig. Es ist uns allen schon passiert, dass wir einen Zeitungsartikel ganz gelesen haben, um letztlich festzustellen, dass wir von seinem Inhalt nur eine vage Vorstellung haben. Obwohl wir ihn Zeile für Zeile gelesen haben, haben wir mit unserer Lektüre kein geistiges Bild verbunden. Stattdessen wurden wir von richtungs- und orientierungslosen Vorstellungen »heimgesucht«.

Sicher haben auch Sie schon einmal Ihr Kind getadelt, wenn es über einer Aufgabe »vor sich hin träumte«: »Arbeitest Du oder träumst Du?«

Unsere Absichten sind erst dann präzise genug, wenn sie uns die gezielte Bildung von Vorstellungen ermöglichen, um uns auf etwas konzentrieren, uns etwas einprägen, etwas verstehen, über etwas nachdenken, kreative Fantasie entfalten zu können.

Dadurch dass wir unsere Absichten präzisieren und uns klare Ziele setzen, geben wir unseren geistigen Aktivitäten eine Richtung und gewinnen damit die Kontrolle über unser geistiges Leben. Wenn Sie Ihrem Kind dabei Orientierungshilfe leisten, helfen Sie ihm, seine Autonomie zu gewinnen.

2. Vom richtigen Gebrauch der Gewohnheiten

Peter und Paul wohnen mit ihren Familien in einem Vorort von Lille. Jedes Jahr verbringen sie in der zweiten Julihälfte die Ferien gemeinsam im Süden des Landes. Peter macht sich mit seiner Familie auf die Reise, sobald er mit seiner Arbeit fertig ist. Er nimmt die Autobahn Richtung Paris, umgeht die Stadt und fährt weiter auf der Autobahn nach Süden. Gegen 22 Uhr verlässt er diese bei Dijon, wo er in immer demselben Hotel schon Monate vorher Zimmer reserviert hat. Am nächsten Tag bricht er mit seiner Familie früh auf, um nicht in einen Stau zu geraten und hält an einem kleinen Gasthaus in der Nähe von Avignon, wo man gut zu Mittag isst. Um 17 Uhr ist die Familie an ihrem Ferienort angelangt.

Paul hingegen legt Wert darauf, das Gepäck selbst im Wagen zu verstauen. Wenn er damit fertig ist, gegen Samstag Mittag, essen alle in Ruhe, und danach hält er einen zweistündigen Mittagsschlaf. Um 17 Uhr brechen sie dann auf in Richtung der Champagne, denn Paul besteht darauf, Paris zu vermeiden. In Mâcon macht er mit seiner Familie eine Stunde Pause, um zu Abend zu essen und fährt dann die ganze Nacht durch. Auf diese Weise kommt er immer frühmorgens an seinem Ziel an, ohne durch einen Stau aufgehalten worden zu sein.

Jedes Jahr vergleichen Peter und Paul ihre Strecke, die Zeit, die sie dafür brauchen, ihre Durchschnittsgeschwindigkeit und jedes Jahr versuchen sie, sich gegenseitig davon zu überzeugen, dass ihre Wahl die bessere sei. Dabei kommen beide jedes Mal zu dem Schluss, dass sie es eben so gewohnt seien, dass es ihnen so recht sei und dass sie es weiter so halten werden. Peter und Paul fahren von demselben Ort los und kommen an demselben Ort an, aber ihre Gewohnheiten, wobei wir in diesem Fall von praktischen Gewohnheiten sprechen, lassen sie unterschiedliche Strecken wählen.

Wir können dieses Beispiel auf geistiges Verhalten übertragen. Wir haben gesehen, dass auch bei den einfachsten geistigen Tätigkeiten (wie der Konzentration unserer Aufmerksamkeit auf einen bestimmten Gegenstand, zum Beispiel auf die Tapete) die Methoden individuell verschieden sind. Wir haben uns gefragt, was der Grund ist für diese unterschiedlichen Vorgehensweisen bei gleichem Ergebnis. Jetzt haben wir die Antwort: Wie bei der Fahrtstrecke unserer beiden Familienväter ist es *eine Frage der Gewohnheit.*

Die Art und Weise, wie wir zuhören, nachdenken, argumentieren und interpretieren, entspringt unseren geistigen Gewohnheiten. Diese scheinen ganz selbstverständlich zu uns zu gehören und wir haben nicht den Eindruck, sie bewusst angenommen zu haben. Dennoch sind sie charakteristisch für unser Verhalten, wie wir am Beispiel von Marianne, Paul und Sophie sehen werden, die im ersten Jahr Medizin studieren. Wie viele ihrer Kommilitonen treffen sie sich regelmäßig, um gemeinsam zu arbeiten. Da sie in ihrem Studium viel auswendig lernen müssen, referieren sie abwechselnd Teile ihres Lernstoffes, um sich dann gegenseitig Fragen zu stellen. Am Jahresende haben sie ungefähr die gleichen Ergebnisse. Würde man sie dazu befragen, würden sie wahrscheinlich antworten, »dass sie alle drei auf die gleiche Weise lernen«.

Natürlich ist das nicht so. Wenn Marianne ihre Notizen oder ihre Fotokopien liest, sieht sie vor ihrem geistigen Auge die geschriebenen Worte. Wenn sie dann ihren Ordner schließt, sieht sie diese Worte und Sätze wieder, sie könnte sogar sagen, wo genau sich ein Abschnitt befindet. Stellt man ihr Fragen, blättert sie im Geist in ihren Kopien, um die Antwort zu finden. Wenn Paul seine Notizen wieder liest, hört er in seinem Inneren, wie sein Professor die Sätze vorbringt, die er dann aufgeschrieben hat. Sogar wenn er bei der Vorlesung selbst nicht anwesend war, ist er in der Lage, die Stimme des Professors zu »hören«, wie diese die Sätze sagt, die er vor Augen hat. Auch wenn er etwas aufsagt, kann er im Geist die Stimme des Dozenten hören. Sophie hingegen sagt sich beim Lesen die Sätze vor. Dann schließt sie die Augen und sagt sich das wieder, was sie behalten will. Stellt man ihr Fragen, so hat sie weder geschriebene Worte noch die Stimme des Dozenten im Kopf, sondern ihre eigene Stimme, wie sie etwas aufsagt. Marianne geht immer so vor, auch Paul kennt nur diese Arbeitsmethode, und Sophie kann sich nicht vorstellen, dass man es auch anders machen könnte. Aber so wie es zahlreiche Möglichkeiten gibt, von Lille aus ans Mittelmeer zu gelangen, so kann man sagen, dass jedes Individuum seine persönlichen geistigen Gewohnheiten hat, die sich von denjenigen der anderen unterscheiden.

Alle diese geistigen Gewohnheiten kann man in drei große Kategorien unterteilen, die jede von unseren Studierenden vertreten werden: Marianne hat visuelle, Paul auditive und Sophie verbale Gewohnheiten, sich etwas einzuprägen.

Der Einfachheit halber sprechen wir im Folgenden von einem visuellen Typ, wenn jemand sich vor allem visuelle, von einem auditiven Typ, wenn jemand sich vor allem auditive, und von einem verbalen Typ, wenn jemand sich vor allem verbale Vorstellungen macht, um sich etwas einzuprägen. Selbstverständlich kann ein visueller Typ sich auch gelegentlich auditive oder verbale Vorstellungen machen. Wir bezeichnen damit lediglich die dominante Tendenz und es wäre unsinnig zu behaupten, ein Kind sei nur visuell oder nur auditiv veranlagt.

Weder Marianne noch Paul noch Sophie haben eines Tages beschlossen, eher auf die eine als auf die andere Weise zu arbeiten. Im Übrigen kennen sie nur eine einzige. Und während sie seit Monaten den größten Teil ihrer Zeit auf diese Gedächtnisarbeit verwenden, haben sie sich nie gefragt, was dabei in ihnen vorgeht. *Ihr geistiges Verhalten wird durch Gewohnheiten bestimmt.*

Wir glauben häufig, dass wir unsere Erfolge oder Misserfolge unseren Fähigkeiten, unseren positiven oder negativen Eigenschaften verdanken. Die Anmerkungen unserer Lehrerinnen und Lehrer in unseren Schulheften haben uns in dieser Annahme nur bestärkt: »Schüler/in zeigt wenig Begabung für Mathematik«, »Intelligent, aber faul«, »Fleißig, aber wenig kreativ« usw. Hier entdecken wir jedoch das Gegenteil: Unsere individuellen, unbewussten Gewohnheiten sind der Grund für Erfolg oder Misserfolg, das heißt für das Gelingen oder Misslingen mehr oder weniger komplexer geistiger Vorgänge.

Diese Entdeckung hat natürlich Konsequenzen, denn sie besagt, *dass Erfolg oder Misserfolg nicht zwangsläufig eintreten.* Wenn Sie heute etwas »nicht schaffen« (oder wenn Ihr Kind etwas nicht schafft), dann nicht aufgrund eines konstitutiven, unabänderlichen Defizits, etwa weil Ihnen (oder Ihrem Kind) etwas fehlt, sondern aus dem einfachen Grund, dass eine bestimmte Gewohnheit angewandt wird, die in einem bestimmten Zusammenhang ungeeignet ist. Aber eine Gewohnheit kann man ändern, wenn es notwendig erscheint. Man tut dies von ganz allein, wenn die Gewohnheit praktische Nachteile hat. Warum also sollte es im geistigen Bereich anders sein? Man zieht die Möglichkeit einfach nicht in Erwägung, dass ausbleibender Erfolg einer falschen Gewohnheit zuzuschreiben sein könnte. Das führt zu dem Ergebnis, dass man an sich selbst und seinen Fähigkeiten zweifelt.

Peter und Paul haben keinen Grund, ihre Gewohnheiten zu ändern, denn sie gelangen beide ans Ziel und sind mit dem Ablauf ihrer Anreise völlig zufrieden. Sollte aber einer von ihnen in einen Stau kommen, würde er selbstverständlich erwägen, eine andere Strecke zu nehmen oder zu anderen Zeiten zu fahren, ungeachtet der »Macht der Gewohnheit«. Wenn dagegen Paul, Sophie und Marianne in ihrem Studium scheitern sollten, so würden sie wahrscheinlich nicht darauf kommen, den Grund ihres Misserfolges in ihrer Arbeitsweise zu suchen und diese zu ändern, weil keiner ihnen jemals gesagt hat, dass es auch anders gehen könnte. Sie würden eher annehmen, dass sie für das Medizinstudium nicht geeignet seien.

Versuchen Sie also, Ihre (unbewussten) geistigen Gewohnheiten zu entdecken, diejenigen zu erkennen, mit denen Sie im Allgemeinen Erfolg haben, und diejenigen, mit denen Sie regelmäßig scheitern und nehmen Sie sich vor, sie entsprechend zu ändern. Aber vielleicht fragen Sie sich auch, woher diese Gewohnheiten kommen und wie sie erworben werden.

Es ist bekannt, dass in einer Familie mit mehreren Kindern jedes Kind sich unbewusst eine Rolle zuschreibt, um sich von den anderen zu unterscheiden und sich dadurch in den Augen seiner Eltern auszuzeichnen. Dabei lässt sich die Tendenz feststellen, dass das jüngste Kind eher auditive Vorstellungen produziert, wenn das älteste Kind sich eher visuelle Bilder macht, und umgekehrt.

Lässt sich daraus schließen, dass die Art unserer Vorstellungen erlernt ist, dass die geistigen Bilder, die wir produzieren, ausschließlich auf unsere Erfahrungen zurückgehen? Das wäre vorschnell geurteilt, aber darum geht es hier auch gar nicht. Wichtiger als die Frage des Ursprungs unserer geistigen Gewohnheiten ist das aus ihnen resultierende Verhalten im Alltag. Was bedeutet es also für ein Kind, visuell, auditiv oder verbal veranlagt zu sein?

3. Wie lernt Ihr Kind am besten: visuell, auditiv oder verbal?

Der visuelle Typ

Eine Person, die die Gewohnheit hat, sich von dem, was sie wahrnimmt, größtenteils visuelle Bilder zu machen, bezeichnen wir als visuellen Typ. Das heißt, sie hat die Gewohnheit, sich nicht nur von dem, was sie sieht, visuelle Bilder zu machen, sondern auch von dem, was sie hört. Ein Individuum, dessen geistige Gewohnheiten visueller Natur sind, kann sich die Dinge entweder so, wie sie sind, visuell vorstellen, das heißt »in der dritten Person«, oder sie auf seine eigene Weise sehen, das heißt »in der ersten Person«. So sieht ein Kind die Wörter in seinem Kopf entweder in der Schrift des Buches (oder der Lehrerin) oder in seiner eigenen Schrift.

Nehmen wir zum Beispiel einen visuell veranlagten Schüler, in dessen Klasse gerade der elektrische Strom behandelt wird. Der Lehrer zeichnet folgendes Schema an die Tafel

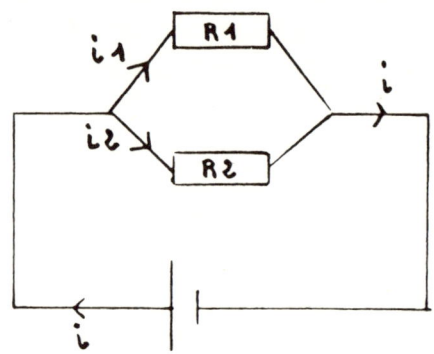

und schreibt die Frage an: Nennt alle Verbindungen, die zwischen i, i1, i2, R1 und R2 existieren.

Besagter Schüler hat keinerlei Schwierigkeiten, sich dieses Schema, das einen Generator und zwei parallel geschaltete Widerstände zeigt, in seinem Kopf vorzustellen. Er kann es direkt »abfotografieren« und sich leicht ein Bild davon machen. Das Gleiche gilt für die an die Tafel geschriebene Frage. Jetzt kann er in seinem Kopf danach suchen, was er im Unterricht gelernt hat, um die Antwort zu finden. Nehmen wir aber an, der Lehrer schreibt nichts an die Tafel und stellt das gleiche Problem mündlich: »Wir haben einen Stromkreis mit der Stromstärke i, der von einem Generator gespeist wird, in diesem Stromkreis gibt es zwei parallel geschaltete Widerstände R1 und R2 mit einer Stromstärke i1 und i2. Welche Verbindungen existieren zwischen i, i1, i2, R1 und R2?«

78

So gefragt, muss unser Schüler sich ein visuelles Bild von seiner auditiven Wahrnehmung machen (anders gesagt: in seinem Kopf das Schema des Stromkreises zeichnen, welches der Lehrer ihm in Worten beschrieben hat) und ausgehend von seinen visuellen Bildern das gestellte Problem lösen. Um dem Lehrer eine Antwort geben zu können, muss der visuelle Typ seine Bilder schließlich wieder in verbale übersetzen.

Wir können daher folgende wichtige Regel aufstellen: *Ein visueller Typ muss von visuellen Bildern ausgehen, um sich auditive oder verbale Bilder machen zu können.*

Ein visueller Typ verarbeitet das, was er sieht, leichter als etwas, was er hört. Natürlich ist er durchaus in der Lage, eine von ihm gehörte Botschaft zu verstehen und zu behalten, aber er muss sie gewissermaßen übersetzen, um sie in seinen Kopf hineinzubekommen. Genau darum geht es: um eine Übersetzung, als ob visuelle und auditive Typen nicht dieselbe Sprache sprächen.

Der Prozess der Übersetzung lässt sich wie folgt veranschaulichen: Ihre Muttersprache ist Deutsch, Sie haben eine Fremdsprache gelernt, zum Beispiel Englisch, aber Sie beherrschen sie nicht wie Ihre Muttersprache. Sie verstehen Englisch, Sie sprechen Englisch, aber Sie denken nicht in Englisch. Wenn Sie in England auf den Markt gehen und gefragt werden: »Where are you going?«, übersetzen Sie die Frage in Ihrem Geist mit »Wohin gehen Sie?«, dann formulieren Sie Ihre Antwort (zunächst als Bild in Ihrem Kopf) auf Deutsch, »Ich gehe auf den Markt«, und schließlich übersetzen Sie diese ins Englische und antworten: »I am going to the market.« Dieses Schema: Englisch → Deutsch → Deutsch → Englisch ist vergleichbar mit dem Schema unseres Schülers: auditiv → visuell → visuell → auditiv. Es gibt eine visuelle und eine auditive Muttersprache, so wie es eine englische und eine deutsche Muttersprache gibt.

Der auditive Typ

Als auditiven Typ bezeichnen wir eine Person, die die Gewohnheit hat, sich von dem, was sie wahrnimmt (was sie hört oder sieht), auditive Vorstellungen zu machen. Ihre »Muttersprache« ist auditiv.

Der auditiv veranlagte Banknachbar des visuell veranlagten Schülers hat keine Probleme damit, dass der Lehrer die Aufgabe nur mündlich formuliert, ohne das Schema an die Tafel zu zeichnen. Er macht sich unmittelbar auditive Bilder von der auditiv wahrgenommenen Botschaft und sucht in seinem Kopf nach dem, was er im Unterricht gelernt hat, um die Aufgabe lösen zu können. Wenn der Lehrer dagegen, ohne ein Wort zu sagen, das Schema des Stromkreises an die Tafel zeichnet und die Frage anschreibt, muss besagter Schüler das, was er sieht, in auditive Bilder übersetzen, mit Worten versehen: »Wir haben also einen elektrischen Stromkreis mit der Stromstärke i; zwei Widerstände R1 und R2 sind parallel geschaltet; durch R1 geht ein Strom der Stärke i1 hindurch und durch R2 ein Strom der Stärke i2 ...«, und dann das Problem lösen.

Also gilt: *Ein auditiver Typ muss von auditiven Bildern ausgehen, um sich visuelle oder verbale Bilder machen zu können.*

Der verbale Typ

Im Grunde meinen wir mit verbalem Typ einen auditiven Typ, der die Gewohnheit hat, sich von dem, was er wahrnimmt, auditive Bilder »in der ersten Person« zu machen. Will ein verbaler Typ zum Beispiel ein Musikstück behalten, so hört er in seinem Kopf nicht die Instrumente, sondern er singt sich dieses Stück vor, und wenn er jemanden sprechen hört, so sagt er sich in seinem Kopf dessen Worte mit seiner eigenen Stimme. Das ist eine wichtige Unterscheidung zum auditiven Typ, der in seinem Kopf den Klang der Instrumente hört, sich die gehörten Worte mit der Stimme derjenigen, die sie gesprochen haben, vorsagt. Der Einfachheit halber werden wir in einem weiten Sinn von auditiven Typen sprechen und damit auch diejenigen meinen, die sich verbale Vorstellungen machen.

Welches sind nun die starken und die schwachen Seiten des visuellen und des auditiven Typs? Anhand zweier Gesellschaftsspiele lässt sich das veranschaulichen:

Memory ist ein Spiel, das man bereits im Alter von vier Jahren spielen kann. Das Spiel besteht aus einer geraden Anzahl von Karten, die einseitig bebildert sind und vor den Spielern verdeckt ausgelegt werden. Jeweils zwei Karten weisen auf ihrer Bildseite das gleiche Motiv auf. Jeder Spieler hat bei jedem Zug die

Möglichkeit, zwei Karten aufzudecken (die anschlie-
ßend, besaßen sie verschiedene Motive, wieder zuge-
deckt werden). Ziel des Spieles ist, möglichst viele
Bildpaare aufzudecken.

Wie geht der visuelle Typ hier vor? Er schaut sich
die aufgedeckten Karten genau an und speichert möglichst viele dieser Informationen in seinem Kopf. Da
die Wahrnehmung der Karten eine visuelle ist,
braucht er sie in seinem Kopf nicht zu übersetzen. Bei
ihm sind Wahrnehmung und Vorstellung aufs Engste
miteinander verbunden, das heißt, der Inhalt seiner
Wahrnehmung und derjenige seiner Vorstellung sind
identisch.

Der auditive Typ dagegen muss die visuelle Wahrnehmung in eine auditive Vorstellung übertragen,
indem er seiner visuellen Wahrnehmung Worte zuord-
net und sich in seinem Kopf Referenzsysteme schafft,
wie: »Das Pferd ist rechts oben in der Ecke.« »Das
Schaf ist auf der rechten Seite, neben dem Kaninchen.«
Aufgrund dieser notwendigen Übersetzung ist der Weg
von der Wahrnehmung zur Vorstellung für den auditiven Typ natürlich sehr viel länger. Wenn die Spieler
sehr schnell spielen, wird der auditive Typ zweifellos
protestieren: »So schnell kann man gar nicht hin-
schauen!«, wobei er jedoch sagen müsste: »Mir bleibt
keine Zeit, es zu übersetzen.« Genauso verhält es sich,
wenn man eine Fremdsprache nur schlecht beherrscht.
Wird langsam gesprochen, kann man folgen und sich
auch selbst artikulieren, wird aber schnell gesprochen,
verliert man leicht den Faden.

Dieser Unterschied zwischen auditiven und visuellen Typen kann ungeahnte Konsequenzen haben. So

wird ein auditiv veranlagter Erwachsener, der beträchtliche Anstrengungen unternimmt, die Lage der verschiedenen Karten im Kopf zu behalten, überrascht reagieren, wenn sein fünfjähriger (visuell veranlagter) Sprössling zu ihm sagt: »Nein, der Tiger ist da!« und wenn er fassungslos zusehen muss, wie dieser mühelos identische Kartenpaare anhäuft. Je nachdem wird er diese Leistung amüsiert, bewundernd oder eher verärgert zur Kenntnis nehmen.

Heißt das, dass der visuelle Typ bei dieser Art von Spiel gegen den auditiven Typ zwangsläufig gewinnt? Nicht unbedingt. Beide Spieler müssen eine Gedächtnisleistung erbringen. Der visuelle Typ hat bei diesem Spiel lediglich einen Vorteil.

Auch das Spiel »Ich gehe auf die Reise« kann mit kleinen Kindern gespielt werden. Die Spieler sitzen im Kreis, der erste beginnt: »Ich gehe auf die Reise und packe eine Zahnbürste in meinen Koffer.« Der zweite Spieler fährt fort, indem er den Satz seines Vorgängers aufnimmt und einen weiteren Gegenstand hinzufügt, zum Beispiel: »Ich gehe auf die Reise und packe eine Zahnbürste und ein Paar Schuhe in meinen Koffer.« Jeder Spieler fügt einen neuen Gegenstand hinzu. Da der Satz immer länger wird, unterlaufen den Spielern natürlich Fehler, sie vergessen einen Gegenstand, verkehren die Reihenfolge. Wem ein solcher Fehler unterläuft, der muss ausscheiden. Sieger ist derjenige, der als letzter übrigbleibt.

Wie geht nun der auditive Typ vor? Er hört sich die Botschaft aufmerksam an, wie sie nach und nach an Gestalt gewinnt, und versucht, den Satz in seinem Kopf zu behalten. Da seine Wahrnehmung des Satzes eine auditive ist, braucht er in seinem Kopf keine Übersetzung vorzunehmen. Bei ihm sind Wahrnehmung und Vorstellung aufs Engste miteinander verbunden.

Der visuelle Typ muss diese auditive Wahrnehmung in eine visuelle Vorstellung übersetzen, zum Beispiel indem er sich, in Form einer Liste, ein visuelles Bild der aufgezählten Wörter oder aber der aufgezählten Gegenstände selbst macht; oder indem er sich selbst visuell inszeniert, wie er seinen Koffer packt und die verschiedenen von den Spielern genannten Gegenstände hineinlegt. Wenn er dann an der Reihe ist, muss er die visuellen Bilder, die er sich eingeprägt hat, zurückübersetzen, um den vollständigen Satz sagen zu können.

Lesen Sie nun aufmerksam die Passage wieder, wo von den Studierenden Marianne, Paul und Sophie die Rede ist. Vielleicht scheint Ihnen eine der beschriebenen Arbeitsweisen ganz selbstverständlich zu sein, einfach deshalb, weil Sie selbst auch so vorgehen. Das kann Ihnen einen ersten Hinweis auf ihre eigenen Gewohnheiten geben. Die beiden anderen Methoden hingegen finden Sie merkwürdig und zweifeln daran, dass man auch so vorgehen könnte, wenn man die geringste Aussicht auf Erfolg haben will. Lesen Sie sodann aufmerksam den Abschnitt, der die entsprechende geistige Gewohnheit beschreibt, und merken Sie ihn sich. Wenn Ihr Kind andere Gewohnheiten hat als Sie selbst, ist es wichtig, dass Sie das akzeptieren, ohne zu versuchen, ihm Ihre eigene Vorgehensweise aufzuzwingen.

4. Vier zentrale Vorstellungsbereiche

Wie wir im vorherigen Kapitel gesehen haben, haben wir alle mehr oder weniger bestimmte Gewohnheiten, die visueller, auditiver oder verbaler Natur sein können. Manche von uns reagieren in jeder Situation immer mit den gleichen Gewohnheiten. Andere sind flexibel und passen ihre Gewohnheiten der jeweiligen Situation an. Diese Flexibilität erlaubt es uns, ohne weiteres in einem Bereich visuelle, in einem anderen auditive, in einem dritten verbale Gewohnheiten und im vierten Bereich praktisch keinerlei Vorstellungen zu bilden. Untersuchungen haben bestätigt, dass diese vier Vorstellungsbereiche nebeneinander existieren können.

Welches sind diese verschiedenen Bereiche und worin unterscheiden sich die dazugehörigen Vorstellungen? Wir betrachten dazu das Auftreten dieser verschiedenen Vorstellungstypen in der Entwicklung des Kindes.

1. Wir wissen, dass ein Kind, wenn es auf die Welt kommt, mit ungefähr zwanzig Reflexen ausgestattet ist (es kann saugen, mit den Augen einem bewegten Objekt folgen usw.). Seine natürlich noch begrenzte Verstandestätigkeit beschränkt sich im Wesentlichen auf die Wahrnehmung. Es sieht Menschen und Gegenstände, hört verschiedene Stimmen und Töne, nimmt Gerüche wahr, spürt, dass man es auf den Arm nimmt, dass man seine Windeln wechselt, dass man es streichelt oder in den Armen wiegt, und es schmeckt die Muttermilch

oder sein Fläschchen. Auf ganz natürliche Weise sind seine ersten Vorstellungen mit der Welt verbunden, die es entdeckt. Ein Baby hat noch keine Worte für das, was es beobachtet. Seine ersten geistigen Schritte im Leben bewegen sich innerhalb eines Vorstellungsbereichs, der die *Vorstellungen des Alltags* (Dinge, Menschen, Szenen, Gesten) umfasst. Diesen ersten Vorstellungsbereich nennen wir im Folgenden B1.

2. Ausgehend von seinen angeborenen Reflexen entwickelt das Kleinkind sehr schnell Denkgewohnheiten: Hört es das Wort »Mama«, kann es sich nicht nur dieses Wort in seinem Kopf vorstellen, sondern ebenso die damit verbundene Person, auch wenn diese gerade abwesend ist. Oder wenn es das Fläschchen sieht, weiß es, dass es etwas zu trinken bekommt. Es kann sich nicht nur das Fläschchen in seinem Kopf vorstellen, sondern auch die damit verbundenen Empfindungen (den Kontakt mit der Person, die das Fläschchen hält, den Sauger in seinem Mund, den Geschmack der Milch). Diese geistige Tätigkeit gehört dem zweiten Vorstellungsbereich (den wir B2 nennen) an. Er umfasst die Automatismen, die Vorstellungen dessen, was man ein für alle Mal auswendig weiß, und natürlich auch alle Vorstellungen von Wörtern und deren Rechtschreibung, der Konjugation der Verben, der Zahlen und der Additions- und Multiplikationstabellen, der Gedichte und Lieder, die man auswendig gelernt hat, der Funktionen, mit denen man eine Waschmaschine oder einen Computer in Gang bringt. Die Vorstellungen in diesem Bereich sind vielfältiger als die in B1.

Unser Beispiel: Ich sehe eine Tanne und stelle sie mir so vor, wie sie ist (erster Bereich), aber darüber hinaus stelle ich mir das Wort »Tanne« vor, wie es geschrieben wird, den Geruch der Tanne und ein Stück aus einem Lied »O Tannenbaum, wie grün sind Deine Blätter ...«

3. Wenn ein Kind heranwächst, ist es zu immer komplexeren geistigen Operationen fähig. So kann es zum Beispiel, wenn es eine Anzahl geometrischer Figuren in verschiedenen Farben sieht, auf diejenigen zeigen, die blau oder dreieckig sind. Wenn man ihm Zeichnungen von Personen zeigt, die ein Handwerk ausüben, sowie von Werkzeugen und Maschinen, kann es jedem Handwerk das entsprechende Werkzeug zuordnen. Es kann eine Reihe von Szenen, die zusammengenommen eine kleine Geschichte erzählen, in eine chronologische Ordnung bringen. Dieses neue Feld seiner geistigen Aktivität entspricht dem dritten Vorstellungsbereich. Dieser Bereich (wir nennen ihn B3) ist der des logischen Denkens, des Argumentierens, des Erkennens von Beziehungen (Ursache und Wirkung, Zeit und Raum) und von Analogien. Die damit verbundenen Vorstellungen ermöglichen uns, etwas verstehen, über etwas nachdenken und zu rationalen Erkenntnissen gelangen zu können.

Dazu lässt sich noch bemerken, dass viele Lehrer und auch Eltern gegen Auswendiglernen sind, obwohl es für manche Kinder sinnvoll ist, da sie erst dann etwas verstehen, wenn sie es gelernt haben.

Dazu folgendes Beispiel: Ich sehe eine Tanne und stelle mir in meinem Kopf die charakteristischen

Merkmale der Familie der Koniferen vor. Ich versuche zu verstehen, warum die Blätter der anderen Bäume im Herbst abfallen, nicht aber die Nadeln der Koniferen. In Anbetracht der Bodenart, auf der gewöhnlich die Tannen wachsen, und der geologischen Merkmale der Gegend kann ich dazu eine Hypothese aufstellen.

4. Sehr früh schon wird ein Kind sich nicht mehr damit begnügen, in seinem Kopf lediglich zu registrieren, was es wahrnimmt, sondern seine Wahrnehmung in seinem Kopf verwandeln, Fantasie und Kreativität beweisen. Die Ergebnisse dieser geistigen Aktivität werden entweder in Worten (»Meine Puppe hat zu viel gegessen, sie will jetzt schlafen.« – »Wir spielen Cowboy, Du nimmst mich gefangen.«) oder in Taten (eine Zeichnung, eine originelle Würfelkonstruktion) ausgedrückt. Häufig jedoch bleiben die Produkte dieser geistigen Aktivität auf seine Vorstellungen beschränkt.

All diese Vorstellungen gehören dem vierten Vorstellungsbereich an (den wir B4 nennen), dem der *Kreativität*, der *Fantasie*. Sie ermöglichen es, eigene Beziehungen zwischen den verschiedenen Elementen der Wahrnehmung herzustellen, diese in einem neuen Licht zu sehen und zu verwandeln.
Zum Beispiel sehe ich eine Tanne und sehe vor meinem geistigen Auge, wie die Landschaft aussehen würde, wenn es dort einen ganzen Wald von Tannen gäbe. Oder ich stelle mir vor, dass die Tanne sprechen und ihre Geschichte erzählen kann. Oder ich sehe mich, wie ich eine Aktion organisiere

zum Schutz der Bäume in der Gemeinde, wie ich den Bürgermeister aufsuche und ihm meine Argumente vortrage, eine Petition unterschreiben lasse etc.

5. Besuchen Sie Ihr geistiges Eigentum

Sie wissen nun, welcher geistigen Aktivität jeder der beschriebenen Bereiche entspricht. Wir schlagen Ihnen jetzt vor, sich Ihre geistigen Aktivitäten wie einen riesigen Landbesitz vorzustellen, der in vier Gebiete aufgeteilt ist, innerhalb deren Sie sich frei bewegen können. Ein Großgrundbesitzer, der zahlreiche Ländereien besitzt (Felder, Gärten, Wälder, Brachland), besucht diese nicht alle gleich häufig. Die Verwaltung seines Besitzes macht es erforderlich, dass er sich regelmäßig auf bestimmte Ländereien begibt, und dadurch kommt er fast täglich auch durch andere Parzellen. Er findet Gefallen daran, auf besonders gut unterhaltenen und produktiven Ländereien länger zu verweilen. Dagegen kann er manche entlegenen Winkel jahrelang vernachlässigen und sich kaum an sie erinnern.

Genauso verhalten wir uns mit unserem »geistigen Eigentum«. Aufgrund unserer geistigen Gewohnheiten können wir zum Beispiel
– lange auf einem unserer Grundstücke verweilen. Wir haben zum Beispiel die Gewohnheit, alles, was wir wahrnehmen und alle Situationen, in denen wir uns befinden, logisch und rational zu analysieren,

indem wir darüber nachdenken, Vergleiche ziehen etc. Unser bevorzugter Bereich ist dann der Bereich B3;

– uns gerne auf das zweite Grundstück begeben. Zum Beispiel lassen wir gerne unsere Automatismen spielen, wenden gerne Regeln an, die wir auswendig können, führen gerne genaue Anweisungen aus, wiederholen gerne etwas. Wir halten uns also regelmäßig im Bereich B2 auf;

– das dritte Grundstück nur gezwungenermaßen überqueren. Wir sind zum Beispiel keine besonders guten Beobachter, es wird uns nie passieren, dass wir einen Menschen oder einen Gegenstand betrachten aus dem alleinigen Interesse heraus, uns diesen vorstellen zu können. Wenn wir aber, um eine Regel anzuwenden oder unser logisches Denken zu schulen, einen Text aufmerksam lesen oder einen Gegenstand genau betrachten müssen, dann sind wir durchaus in der Lage, uns so lange wie nötig darauf zu konzentrieren. Wir begeben uns auf B3 nur dann, wenn er einen obligatorischen Durchgang zu B1 oder B2 darstellt;

– die Existenz des vierten Grundstücks sogar vergessen. So können wir unsere Fantasie und unsere Kreativität völlig vernachlässigen, ja sogar eine gewisse Verachtung für die »Träumer« und »Spinner« an den Tag legen, deren Verhalten sich nicht auf logische Überlegungen zurückführen lässt. Das heißt, es kommt für uns nicht in Frage, uns auf B4 zu begeben, obwohl auch dieser Bereich zu unserem Eigentum gehört.

Warum begeben wir uns lieber auf das eine oder das andere unserer Grundstücke? Es ist alles nur eine Frage der Gewohnheit, auch wenn uns diese Einsicht schwerfällt. Manche mögen sagen: »Ich bin aber nicht kreativ, ich habe keinerlei Fantasie«, als wäre dies ein schicksalhaftes Verhängnis, als wäre ihr geistiges Eigentum anlässlich einer Flurbereinigung reduziert und B4 einbehalten worden. Besser könnte man sagen: »Bis jetzt habe ich meine Fantasie nur sehr wenig zum Zuge kommen lassen« oder »Ich bin es gewohnt, meine Kreativität kaum ins Spiel zu bringen«.

Welche Eigenschaften führen Individuen dazu, den einen oder anderen Bereich zu präferieren bzw. zu vermeiden?

Der Bereich B1 ist der Bereich des Konkreten, der Erfahrung, der Wirklichkeit. Er ist die notwendige Basis für die meisten Lernvorgänge. Die häufigste geistige Tätigkeit im Bereich B1 ist die Aufmerksamkeit. Dieser Vorstellungsbereich ist nicht zu unterschätzen. Ein Mensch, der sich nur selten in B1 aufhält, hat wenig Gespür für die Welt, er ist von der Wirklichkeit abgeschnitten. Und wenn eine glänzende Argumentation auf einer schlechten Beobachtung der Fakten beruht (das heißt einer unzulänglichen Vorstellung des Wahrgenommenen), führt sie zu irrigen Schlussfolgerungen. Umgekehrt hätte derjenige, der sich ständig in B1 aufhalten würde, praktisch keinerlei Abstraktionsfähigkeit und wäre für unser Schulsystem völlig ungeeignet.

Die Vorstellungen im Bereich B2 sind für grundlegende Lernvorgänge (die Sprache, das Zahlensystem) unerlässlich, die dann zu Automatismen werden. Häufige Aufenthalte in diesem Bereich erlauben es,

Zeit zu gewinnen. Je mehr »automatische« Kenntnisse man erwirbt, auf die man mühelos zurückgreifen kann, desto mehr kann man seine Zeit für komplexere geistige Operationen verwenden. Ein Teil der in der Grundschule geleisteten Arbeit gehört in diesen Bereich. Die wichtigsten geistigen Tätigkeiten in B2 sind die Gedächtnisleistung (man prägt sich etwas ein) und die Reflexion (wenn es darum geht, elementare Regeln anzuwenden). Wer sich nie in diesen Bereich begibt, verurteilt sich selbst dazu, alles ständig neu entdecken zu müssen. Nehmen wir ein einfaches Beispiel: Wenn Sie beim ersten Mal, wenn Sie den Videorecorder programmieren, um eine Fernsehsendung aufzunehmen, sich entschieden in B2 aufhalten, dann bilden Sie sich Vorstellungen, mit denen Sie das Verfahren auswendig lernen, es zu einem Automatismus machen. Beim nächsten Mal brauchen Sie nur noch wenige Sekunden, um den Recorder zu programmieren. Wenn Sie diesen Vorstellungsbereich aber wegen mangelnder geistiger Gewohnheit bei Ihrem ersten Versuch vernachlässigen, müssen Sie später bei jedem Versuch wieder von vorne anfangen und sich nach der Betriebsanleitung richten. Umgekehrt hat derjenige, der sich am liebsten in B2 aufhält, die Tendenz, in jeder Situation nach dem Muster zu suchen, das er reproduzieren kann. Er wird dann in solchen Situationen auf Schwierigkeiten stoßen, in denen man etwas verstehen, über etwas nachdenken oder Fantasie entfalten muss.

Die Vorstellungen im Bereich B3 betreffen das logische Denken, das Urteilsvermögen, die Fähigkeit zur Deduktion und Abstraktion. Sie werden natürlich besonders im Studium gebraucht. Da die naturwissenschaftlichen Fächer heute besonders unterstützt werden, erscheinen sie oft als die einzig möglichen Wege zum Erfolg. Aber über diesen rein schulischen Aspekt hinaus ist ein regelmäßiger und intensiver Aufenthalt in B3 absolut unerlässlich, wenn wir die uns umgebende Welt verstehen wollen, den technischen Fortschritt, aber auch die ökonomischen Gesetze, die psychologischen Theorien, die philosophischen Ideen etc. Die wichtigsten geistigen Tätigkeiten in B3 sind Nachdenken (komplexe Regeln anwenden oder mehrere Regeln in einer ausgefeilten Argumentation zusammenbringen) und Verstehen. Wer sich nie auf dieses Grundstück seines geistigen Eigentums begäbe, müsste auf alle Möglichkeiten seiner Intelligenz verzichten. Wer sich damit begnügte, sich nur in B1 und B2 aufzuhalten, müsste von einem Tag zum andern leben und nur Regeln und Automatismen anwenden, die er ein für alle Mal gelernt hat. Wer sich hingegen ständig in B3 aufhielte, müsste zahlreiche Nachteile in Kauf nehmen, wie man am Beispiel des Videorecorders sehen kann.

Der Vorstellungsbereich B4 ist derjenige der schöpferischen Fantasie, der Kreativität. Unser Schulsystem favorisiert nicht gerade die Entwicklung dieser Art von Vorstellungen. Und darüber hinaus müssen wir feststellen, dass unsere sozialen und kulturellen Gewohnheiten auch nicht in diese Richtung gehen. Auch wenn wir entzückt sind über die sogenannten »Aussprüche aus Kindermund« und unsere Kleinen zu ihrer Fantasie beglückwünschen, werden wir doch spätestens dann, wenn sie in die Schule kommen, der

Meinung sein, dass nun »der Ernst des Lebens beginnt«. Und der Ernst des Lebens findet in B2 (»Lerne Deine Lektion«) und B3 (»Versuche doch zu verstehen«) statt. In B4 ist keine Zeit mehr zu verlieren (»Was machst Du? Träumst Du?« – »Erzähl keinen Blödsinn, das gibt es nicht.«). Es wäre an der Zeit, uns vom Gegenteil zu überzeugen, dass nämlich in B4 ernsthafte Dinge passieren. Das gilt nicht nur für Künstler. Bräuchten nicht auch wir jedes Mal, wenn wir in unserem Berufsleben auf ein Problem stoßen, wenigstens ein kleines bisschen Fantasie, um eine neue Lösung zu finden?

Die wichtigste geistige Tätigkeit in B4 ist die kreative Fantasie. Wer sich nie auf dieses Grundstück begäbe, wäre sehr angepasst und hätte Schwierigkeiten, »aus dem Rahmen zu fallen«, auch wenn er im Übrigen von großer Intelligenz wäre und beachtliche gedankliche Fähigkeiten hätte (das heißt, wenn er seine Zeit in B3 verbrächte). Wer aber nie B4 verließe, lebte völlig in seiner inneren Welt, in einem imaginären Universum. Im Übrigen müssen alle Entdecker und Erfinder, auch wenn sie viel Zeit in B4 zubringen, sich häufig in B1 begeben (das heißt sich mit der Wirklichkeit befassen) sowie in B3 (das heißt ihre Hypothesen verstehen und verifizieren).

Warum haben wir ein Interesse daran, diese verschiedenen Vorstellungsbereiche genau zu identifizieren? Weil es uns erlaubt, die geistigen Gewohnheiten einer Person besser einzugrenzen und besser zu verstehen. Und zwar ganz einfach dadurch, dass wir sie nach ihren geistigen Strategien fragen, wenn die Gelegenheit sich bietet. Diese Gelegenheiten können sehr vielfältig sein: bei der Lektüre eines Romans, bei der Lösung eines mathematischen Problems, bei einer persönlichen Entscheidung, beim Lernen einer Lektion, beim Besuch eines Kunden, beim Kochen usw. Ausgehend von einer detaillierten Beschreibung dessen, was in jeder dieser Situationen in Ihrem Inneren vorgeht, ist es möglich, die Bereiche zu bestimmen, die Sie am häufigsten, am liebsten und mit dem größten Erfolg aufsuchen.

Kommen wir auf das Beispiel des Kochens zurück, das Ihnen seltsam erscheinen mag: »Wenn ich koche, dann koche ich, was sonst.« Dass es aber nicht so einfach ist, wie es scheint, beweist uns die Analyse der geistigen Strategien von Kristin, Lydia, Barbara und Sylvia, die alle vier zur großen Freude ihrer Familie gerne kochen. Kristin kennt etwa zwanzig Rezepte perfekt, die sie von ihrer Mutter übernommen hat und nach denen sie regelmäßig kocht. Sie nimmt dabei kein Buch zur Hand. Bevor sie sich an die Arbeit macht, sieht sie in ihrem Kopf, wie ihre Mutter das Gericht herstellt, und reproduziert unveränderlich alle ihre Gesten. Auch wenn ihre Freundinnen ihr hin und wieder Varianten vorschlagen, zieht Kristin es vor, ihre Lieblingsgerichte immer auf die gleiche Weise herzustellen, und jedesmal ist es ein voller Erfolg.

Lydia dagegen variiert gerne und kocht gerne neue Gerichte. Sie kauft regelmäßig Kochbücher, deren Rezepte sie genau befolgt. Nach einer ersten Lektüre stellt sie alle Zutaten in der erforderlichen Menge zusammen, dann liest sie das Rezept so oft wie nötig, um cs in ihrem Kopf »abzufotografieren«, schließt das

Buch wieder und schreitet zur Tat. Nach jedem Arbeitsgang kommt sie auf das Bild zurück, das sie sich im Geiste von der entsprechenden Seite gemacht hat (ohne das Buch zu öffnen), und liest diese Seite in ihrem Kopf wieder, um sich an die weiteren Arbeitsschritte zu erinnern.

Barbara schaut mehrere Tage vorher in ihre Kochbücher, um »Ideen zu sammeln«. Sie achtet mehr auf die Fotos der Gerichte als auf die Beschreibung der Zutaten, bis sie eine Idee gefunden hat. In ihrem Kopf sieht sie dann die frohen Mienen ihrer Gäste und hört ihr Lachen und ihre Kommentare, wenn sie das Gericht auf den Tisch bringt. Sie sieht sich nicht selbst, aber sie sieht das Gericht genau vor sich, obwohl es keinem der Rezepte ihrer Kochbücher entspricht. Danach hat sie keinerlei Schwierigkeiten, ihren Einkaufszettel zu schreiben. Wenn sie dann ihr Gericht herstellt, scheinen ihr alle Arbeitsgänge evident zu sein. Sie sieht in ihrem Kopf, wie diese Arbeitsgänge ablaufen, als würde sie einen Film sehen, aber sie selbst kommt darin nicht vor.

Sylvia hat eine Vorliebe für originelle Gerichte. Sie geht immer von einer Assoziation von Wörtern aus, die sie sich im Stillen vorsagt (»Schweinefleisch und Feigen passen gut zusammen«) und mit der sie häufig ein Adjektiv verbindet (»Reh und Preiselbeeren, das wirkt wild«). Wenn sie eine Assoziation gewählt hat, wirft sie einen Blick in ihren Kühlschrank, ob dort die dazu passenden Zutaten zu finden sind. Was sie nicht da hat, notiert sie auf ihrem Einkaufszettel. Bevor sie sich an den Herd stellt, schaut sie in ihren Büchern nach der erforderlichen Kochzeit und überprüft das

Mengenverhältnis. Unmittelbar bevor sie das Rezept ausführt, sagt sie sich in ihrem Kopf alle notwendigen Arbeitsschritte vor: »Ich heize den Herd auf 7 vor, dann buttere ich die Form, schäle die Früchte ...« Und während all dieser Arbeitsgänge spricht sie halblaut zu sich: »Also eine halbe Stunde ... In fünf Minuten muss ich nachsehen, ob es schon gar ist. Und nun die Sauce ...«

Wenn sie kochen, halten Kristin, Lydia, Barbara und Sylvia sich nicht in den gleichen Bereichen auf. Kristin zum Beispiel bleibt während des ganzen Prozesses in B2 (dem Bereich der Automatismen), während Sylvia nacheinander die Bereiche B4 (die dem Rezept zugrundeliegende Kreativität), B1 (die Inspektion des Kühlschranks), B3 (die Suche nach dem richtigen Mengenverhältnis) und B2 (Automatismen) aufsucht. Auch die Bilder, die sie sich alle in ihrem Kopf machen, sind unterschiedlicher Art: im Wesentlichen visuell bei Kristin und Lydia, visuell und auditiv bei Barbara und verbal bei Sylvia. Wir können zugleich feststellen, dass dieselbe Person in verschiedenen Bereichen unterschiedliche Gewohnheiten haben kann, zum Beispiel in einem Bereich eher visuelle und in einem anderen eher auditive Gewohnheiten. Die Wirklichkeit ist also sehr subtil und das geistige Verhalten eines Menschen lässt sich nicht auf einen dominanten Zug reduzieren.

Wir schlagen Ihnen nun vor, mit uns zusammen eine Schulklasse zu besuchen. Heute bekommen die Schüler Besuch von Mona, einer Sprecherzieherin, die zwar in ihrer Praxis die Kinder einzeln empfängt, sich aber an diesem Tag an die ganze Klasse wendet, um mit dieser einen pädagogischen Dialog zu führen. Zu diesem Zweck schlägt sie den Kindern vor, sich noch einmal an eine bestimmte Aufgabe zu machen, die sie vor einigen Monaten nicht lösen konnten und die bisher nicht gelöst wurde. Die Schüler sollen folgende Aufgabe lösen: Jakob hat eine Sammlung von 145 Briefmarken. Paul sagt zu ihm: »Wenn ich Dir zwanzig meiner Briefmarken geben würde, hätte ich immer noch dreimal so viele wie Du.« Wie viele Briefmarken hat Paul?

Bevor Sie weiterlesen, schlagen wir Ihnen vor, dass Sie dieses kleine Problem selbst zu lösen versuchen, das nur scheinbar einfach ist. Nehmen Sie sich also Zeit dafür. Sie werden später sehen, dass diese Übung nicht umsonst gewesen ist. Wenn Sie die Antwort gefunden haben, denken Sie bitte über die geistigen Strategien nach, die Sie dabei angewandt haben. Versuchen Sie insbesondere, auf folgende Fragen zu antworten: Wie habe ich die Aufgabe gelesen? Ganz? Teilweise? Einmal oder mehrmals? Welche Vorstellungen habe ich bei der Lektüre entwickelt? Zögern Sie nicht, bei der Beschreibung dieser Bilder so genau wie möglich zu sein. Waren sie visueller, auditiver oder verbaler Natur? Habe ich das Bedürfnis verspürt zu schreiben? Habe ich einige der Vorgaben der Übung abgeändert? Wurde ich durch störende Vorstellungen beeinträchtigt, die mit der Übung nichts zu tun hatten? Welche geistigen Strategien habe ich angewandt, um das Problem zu lösen? Welche Bereiche meines geistigen Eigentums habe ich aufgesucht?

Gehen wir jetzt wieder in die Klasse und folgen wir Mona der Lehrerin in ihrem pädagogischen Dialog mit den Kindern. Sven meldet sich sofort. Er wirkt lebhaft und aufgeweckt.

M: »Erzähl mir, was in Dir vorgegangen ist, als Du die Aufgabe gelesen hast.« – S: »Also, ich habe den Text gelesen.« – M: »Du willst sagen, dass Du in Deinem Innern gehört hast, wie Du laut liest?« – S: ... – M: »Oder hast Du die Stimme Deiner Lehrerin gehört oder eine andere Stimme, die an Deiner Stelle gelesen hat? Oder hast Du Dir beim Lesen Bilder von dem Text gemacht?« – S: ... – M: »Als Du die Aufgabe gelesen hast, hast Du da in Deinem Kopf die Situation wie in einem Film gesehen, oder hast Du nichts gesehen, aber gehört, wie gesprochen wird?« – S: »Doch, jetzt verstehe ich. Ich habe mir einen kleinen Jungen vorgestellt, ich sah ihn wie auf einer Leinwand.« – M: »In Farbe oder in Schwarzweiß? War es ein Film oder waren es Dias?« – S: »Es hat sich bewegt und es war bunt. Ich habe gesehen, wie Jakob und Paul Briefmarken austauschten.« – M: »Und Du, hattest Du den Eindruck, selbst mit in diesem Bild zu sein, oder fühltest Du Dich eher wie ein Zuschauer?« – S: »Ich war nicht dabei.« – M: »Ist das Bild in Deinem Kopf allmählich oder ganz plötzlich aufgetaucht?« – S: »Es war sofort da. Als Paul die 20 Briefmarken hergegeben hat, habe ich mir das gesagt, fast so, als ob ich es gelesen hätte, als ob es in meinem Kopf geschrieben wäre. Da Paul gesagt hat, dass Jakob dreimal so viel Briefmarken hätte, wenn er ihm 20 Briefmarken geben würde, habe ich die Anzahl der Briefmarken von Jakob mit drei multipliziert.« – M: »Und hast Du diese Multiplikation geschrieben gesehen oder hast Du sie Dir vorgesprochen, mit Deiner Stimme oder mit der Stimme von jemand anderem?« – S: »Ich habe mit meiner Stimme zu mir gesprochen.« – M: »Könnte man also sagen, dass Du die Situation wie einen Farbfilm gesehen und Dir Kommentare zu den Handlungen gemacht hast? Wärst Du damit einverstanden?« – S: »Ja.« – M: »Und danach?« – S: »Danach …, das ist alles. Ich habe die Multiplikation in meinem Heft gemacht und dabei ist 495 herausgekommen.«

Nach diesem kurzen Dialog erklärt Mona: »Sven gelingt es ziemlich leicht, seine geistigen Strategien zu erklären. Durch das, was er sagt, erkennen wir, dass er sich die Aufgabe vorgestellt hat. Zuerst macht er sich visuelle Bilder, die wie ein Film bunt und bewegt sind. Er selbst ist Zuschauer einer Szene, in der Personen Briefmarken austauschen, es sind Vorstellungen in der dritten Person, die zum Bereich B1 gehören. Und nachdem er in seinem Kopf den Satz mit den 20 Briefmarken geschrieben gesehen, das heißt, den symbolischen Code in seinem Kopf übernommen hat, ändert er seine Strategie und macht sich verbale Vorstellungen. Er kommentiert seine Bilder, hält sich also in B3 auf, und versucht, die Beziehungen der einzelnen Aussagen zueinander zu identifizieren. Leider hört er genau da auf und lässt die temporalen Angaben außer Acht, nämlich Aussage im irrealen Konjunktiv und Frage im realen Präsens.«

Lassen wir jetzt einfach die Kinder selbst zu Wort kommen, ohne ihre Aussagen zu kommentieren. Jedes Kind geht anders vor, um die Aufgabe zu lösen.

M: »Bist Du nicht einverstanden mit Sven?« – Miriam: »Doch, am Anfang schon, auch wenn es in meinem Kopf etwas anders abgelaufen ist, aber ich komme nicht auf das gleiche Ergebnis.« – M: »Sag mir zuerst, wie Du es angestellt hast, um zu Deinem Ergebnis zu gelangen.« – Miriam: »Am Anfang habe ich in meinem Kopf auch die Situation gesehen, wie einen Farbfilm, und ich war Jakob, aber da ich sehr schnell verstanden habe, dass Paul mehr hat als Jakob, bin ich Paul geworden und habe anstelle von Paul gesprochen, wie er die Sache seinem Freund erklärt.« – M: »Du hast also die Situation mit Pauls Augen gesehen, aber wie bist Du auf die Zahl der Briefmarken gekommen?« – Miriam: »Ich habe in meiner Hand die 20 Briefmarken gespürt, wie ich sie Jakob gegeben habe, und dann habe ich $3 \times (145 + 20)$ gesehen.« – M: »Hast Du das sofort in Deinem Kopf geschrieben gesehen, wie in Deinem Heft, oder hast Du gespürt, wie Deine Hand das schreibt?« – Miriam: »Ich habe meine Hand gespürt, ich habe geschrieben $145 + 20$, und dann habe ich mit 3 multipliziert.« – M: »Hast Du noch etwas gemacht?« – Miriam: »Ja, ich habe nachgedacht. Ich habe mir gesagt, dass Jakob mir die 20 Briefmarken zurückgeben muss, weil Paul in der Aufgabe sagt: wenn ich Dir geben *würde*, und nicht: ich *gebe* Dir, und dann heißt es: wieviel *hat* er?« – M: »Ja, und dann?« – Miriam: »Das macht $+ 20$. Jakob muss die Briefmarken zurückgeben, das ändert alles. Ich bin nicht einverstanden mit Sven.« – Sven: »Ich habe es nicht so verstanden. Ich habe es so verstanden, dass Jakob, wenn Paul die 20 Briefmarken hergegeben hat, 495 Briefmarken hat, und Miriam hat es so verstanden, dass er sie nur leiht und danach zurückbekommt. Ich glaube aber, dass sie Recht hat, weil es in der Aufgabe heißt: *wenn* ich Dir gäbe.« – Miriam: »Ja, das hat mir zu denken gegeben. Ich sehe geschrieben + 20, und das macht 515 und nicht 495.« Die kleine Lisa meint, sie sei auch zu diesem Ergebnis gekommen, und liefert eine nicht gerade einfache Erklärung dafür. »Ich habe die Zahlen in einer Spalte geschrieben gesehen: 145, dann + 20, und habe das Ergebnis mit 3 multipliziert, und immer habe ich dabei in meinem Kopf eine schriftliche Rechenaufgabe gesehen. Dann habe ich *wenn* mit dem Konjunktiv gesehen und mir gesagt, dass man noch die 20 hinzufügen muss. Wenn ich eine Aufgabe lösen muss, stelle ich mir oft vor, dass ich eine Art Wettbewerb mit einem großen Gelehrten mache und besser sein will als er. Ich sehe die Wörter der Aufgabe in meinem Kopf, aber ich höre auch, wie die Personen miteinander sprechen.«

Der Rest der Klasse diskutiert laut. Man kann hören, dass es sich doch um einen Konditionalsatz handele. Einige diskutieren heftig mit ihren Nachbarn, weil sie Miriams Bemerkungen nicht verstanden haben. Der eher ruhige Max meldet sich. Er versucht zu verstehen, wie die Sache in seinem Kopf abgelaufen ist: »Ich habe nichts gesehen, ich habe nur meine Stimme gehört, als ich mir die Aufgabe wiederholt habe. Ich habe mir gesagt: Wir haben Paul, und wir haben Jakob mit den 145 Briefmarken, Jakob bekommt 20 Briefmarken von Paul, das macht 145 + 20 = 165 Briefmarken. Dann heißt es, er hat jetzt einmal 165, zweimal 165 und dreimal 165, also multipliziere ich 165 mit 3. Ich habe die Rechnung in meinem Heft gemacht und mehrmals überprüft, weil ich mir nicht sicher war. Ich habe mich gefragt, ob man die 20 Briefmarken mit Paul zählen soll oder nicht. Gesehen habe ich dabei nichts, ich habe nur mit mir gesprochen. Ich verstehe nicht ganz, warum man Paul die Briefmarken zurückgeben soll, er hat sie doch bereits Jakob gegeben.« Max scheint verblüfft, er runzelt die Stirn und ruft plötzlich: »Ich hab's. Wegen des Konditionalsatzes! Das hat uns die Lehrerin beigebracht.« – M: »Kannst Du Dich daran erinnern, was Du über den Konditionalsatz gelernt hast? Sag Dir jetzt die Aufgabe noch mal vor und versuche, was Du über den Konditionalsatz im Präsens weißt, auf die Situation anzuwenden.« Schon seit einiger Zeit versucht der kleine Klaus, zu Wort zu kommen. Er erzählt sein »Drehbuch«. Dann ist Alex an der Reihe. Er sieht in seinem Kopf die Wörter und erzählt sich die Geschichte. Anna sagt, sie habe sich eine Zeichnung gemacht hat. Wie wir sehen, kann jedes Kind ganz genau sagen, was in seinem Kopf abgelaufen ist.

(Die Lösung der Aufgabe lautet:
Paul hat 515 Briefmarken.)

II. Teil:

Jetzt sind Sie
an der Reihe!

1. »Wie kann ich meinem Kind helfen?« – Bieten Sie ihm die Welt an

Zum zwanzigsten Mal versteckt Angelika den Teddy-bären von Moritz unter dem Kopfkissen. Und zum zwanzigsten Mal fragt sie in verschwörerischem Ton: »Wo ist Dein Teddybär, Moritz? Hat er sich ver-steckt?« Moritz wird des Spiels nicht müde. Mit offe-nem Mund und weit aufgerissenen Augen wartet er darauf, dass das Wunder wieder geschieht. »Kuckuck, hier ist er!« Schnell zieht Angelika den Teddybär her-vor und fährt Moritz damit übers Gesicht. Moritz lässt ein glucksendes Lachen hören, wie es nur ein Baby hervorbringen kann. Kaum hat er sich wieder beruhigt, beginnt das Spiel von vorn, denn er kann nicht genug davon bekommen.

Warum die unbändige Freude über dieses Versteck-spiel? Wodurch wird sie hervorgerufen? Moritz sieht den Teddybären und er sieht, wie seine Mutter ihn unter das Kopfkissen steckt. Jetzt kann er seinen Teddy nicht mehr sehen. Er existiert nicht mehr als Objekt seiner Wahrnehmung. Dennoch weist alles in Moritz' Verhalten darauf hin, dass er intuitiv weiß, dass der Teddy immer noch da ist, trotzdem hätte er gerne den Beweis dafür. Ein Zweifel bleibt in ihm be-stehen. Seine momentane Spannung entspricht der Intensität seiner Erwartung. Das Lachen, mit dem das Wiederauftauchen des Objekts begrüßt wird, ver-rät uns, wie groß die Freude des Kleinkinds über seine Fähigkeit ist, einem Gegenstand, den es im Augenblick nicht sehen kann, in seiner Fantasie Existenz zu verschaffen. Und diese Freude erreicht ihren Höhepunkt, wenn es bestätigt bekommt, dass seine Intuition richtig war. Das Objekt, das zwar versteckt war, von dem es sich aber in seinem Kopf ein Bild bewahrt hat, gibt es wirklich. Dieses Spiel wird das Kind so lange begeistern, wie ein Zweifel bestehen bleibt, ob es den Teddybär in seinem Kopf, den es in der Realität nicht mehr sieht, auch wirklich gibt. An dem Tag, an dem dieser Zweifel verschwindet, verliert das Spiel mit einem Mal jedes Interesse: Mama hat den Teddybär unter das Kopfkissen gesteckt und zieht ihn wieder hervor. Was ist daran schon verwunderlich?

Lernen, sich etwas vorzustellen

Der Begriff der Vorstellung lässt sich so definieren, dass man sich ausgehend von seiner Wahrnehmung in seinem Kopf Bilder macht. Was das Kleinkind so entzückt, ist sein eigenes Vorstellungsvermögen und die Überprüfung dieses Vermögens. Es hat allen Grund, seiner Freude lautstark Ausdruck zu verleihen, gilt sie doch der Entdeckung seines geistigen Lebens. Dieses Phänomen, das wir alle in Situationen wie diesem Versteckspiel beobachten können, ist von Wissenschaftlern, die sich mit der frühen Kindheit beschäftigen, untersucht worden, vor allem von Jean Piaget. Seine Studien haben gezeigt, dass ein Kleinkind im Laufe seiner ersten Lebensmonate das erwirbt, was Piaget die »Permanenz des Objekts« nennt. In den ersten 15 bis 18 Monaten gelangt es schrittweise von einer Phase, in der ein Objekt, das es nicht mehr sieht, auch nicht mehr in seinem Kopf existiert (es gibt keinen Unterschied zwischen Innenwelt und Außenwelt), zu einer Phase, in der es ein Objekt, das ihm gezeigt und das dann versteckt wurde, wieder findet (das Kleinkind kann jetzt Vorstellungen in sich entwickeln, die unabhängig sind von dem, was es in seiner Umgebung wahrnimmt).

Kann man daraus schließen, dass das Vorstellungsvermögen etwas ist, das das Kind von ganz alleine erwirbt, ohne Hilfe der Eltern? Ganz so ist es nicht. Denn so wie Angelika mit ihren Spielen Moritz auf die Sprünge hilft, können wir alle eine entscheidende Rolle spielen, wenn es darum geht, das Vorstellungsvermögen unserer Kinder auszubilden. Wir wollen Ihnen dies anhand einiger Beispiele verdeutlichen.

In aller Freiheit

Inga und Patrick machen mit ihren Kindern Larissa (zwölf Jahre) und Dominik (fünf Jahre) eine Wanderung. Als sie aus einem Wald herauskommen, sehen sie etwa hundert Meter vor sich ein seltsames Haus, das mit seinen barocken Türmchen und seiner altertümlichen Bauweise einem Märchen entsprungen zu sein scheint. Patrick, der sich seit kurzem mit der Funktionsweise der geistigen Strategien beschäftigt, hat eine Idee: »Ich schlage euch ein Spiel vor. Wir schauen alle ein oder zwei Minuten lang dieses Haus an, ohne etwas zu sagen. Dann vergegenwärtigen wir uns stillschweigend alles, was uns dabei durch den Kopf gegangen ist, und danach erzählen wir es uns der Reihe nach.«

Nach längerem Schweigen, in dem nur das Gezirpe der Grillen zu hören ist: »Also? Sind alle soweit? Wer möchte anfangen?« Dominik: »Ich, weil ich Angst habe, es schnell wieder zu vergessen. Ich habe alle Fenster gezählt, aber nur die, die man sehen kann, nicht die auf der hinteren Seite, und nicht die runden Fenster, nur die viereckigen. Ich habe bis zehn gezählt, weiter kann ich nicht zählen, es bleiben noch zwei übrig. Dann hat sich ein Marienkäfer auf meine Hand gesetzt. Ich habe aber nichts gesagt, um euch nicht zu stören. Ich habe mit ihm gespielt.«

Inga: »Ich habe mir zuerst gesagt: Mein Gott, dieses Haus ist bestimmt nicht leicht zu pflegen! All diese Ecken und Winkel und die Treppen in den kleinen Türmen, das müssen richtige Staubnester sein. Und dann habe ich mir gesagt: Schön blöd. Du bist in den Ferien, und an was denkst Du? Dann habe ich die geometrischen Formen des Hauses bemerkt, die Rechtecke, die Zylinder und Kegel, und musste an ein Buch über Fernand Léger denken, das ich kürzlich gelesen habe und worin erklärt wird, wie er den Kubismus hinter sich gelassen und regelrechte plastische Symphonien konstruiert hat. Ich habe mir dann das Bild vorgestellt, das Léger von diesem Haus hätte malen können.«

Patrick: »Ich habe versucht zu verstehen, in welcher Reihenfolge alles entstanden ist und was wohl zuerst gebaut wurde. Wahrscheinlich der mittlere Teil, dessen Steine aus der Gegend stammen. Sogar das Datum ist bekannt, es ist über der Tür eingraviert: 1802. Fast zwei Jahrhunderte, das muss man sich mal vorstellen! Der rechte Flügel ist zwar aus dem gleichen Material, aber doch wohl später gebaut worden, die Steine sind ganz anders gefugt. Und die Türmchen, die sehen so aus, als hätte man sie völlig planlos angebaut, ich würde sagen, zu Beginn des Jahrhunderts. Der Besitzer hatte einen etwas seltsamen Geschmack. Der hölzerne Anbau und die Veranda sind eher neueren Datums. Die kleine Mauer aus Sandstein? Keine Ahnung. Die Einheimischen wissen es vielleicht.«

Larissa: »Ich finde es hier so schön, und dieses Haus ist so toll, dass ich mir vorgestellt habe, dass wir uns darin einrichten. Ich habe Papa gesehen, wie er in dem rotgrünen Liegestuhl auf der Veranda liegt. Du warst ganz braun gebrannt, ganz entspannt, und hast gesagt: Wie gut, dass wir nicht mehr in der Stadt sind. Bin ich froh, dass ich nicht mehr wie verrückt arbeiten muss. Ich habe mich so gefreut, Dich so guter Dinge zu sehen. Dann allerdings habe ich mich gefragt, wovon man hier wohl leben kann und wo wir zur Schule gehen könnten, aber da ich das nicht weiß, habe ich mir gesagt, dass es ja nur ein Spiel ist. Ich habe mir vorgestellt, wie wir in dem Zimmer mit den großen Fenstern zu Abend essen, an einem riesigen Kamin mit einem prächtigen Feuer. In diesem Moment habe ich auf das Dach geschaut, um zu sehen, ob es auch einen Kamin gibt. Es gibt einen. Papa war komischerweise ganz schmutzig, weil er den ganzen Nachmittag im Haus herumgewerkelt hatte. Da habe ich mir gesagt, das kann nur ein Traum sein, Papa als Handwerker, dass ich nicht lache!«

Es gibt keine falschen Vorstellungen

Natürlich kann man alle diese Vorstellungen daraufhin untersuchen, ob sie visueller, auditiver oder verbaler Natur sind, ob in der ersten Person vorgestellt wird, ob sie dem ersten Bereich zuzuordnen sind, dem des Alltags, oder dem vierten Bereich, dem der Fantasie. Man kann versuchen, daraus vorschnell auf die Gewohnheiten jedes einzelnen Familienmitglieds zu schließen. Aber muss man in den Ferien unbedingt den Lehrer herauskehren? Ist es nicht viel besser, jeden daraus seine eigenen Schlüsse ziehen zu lassen? Und auf den kleinen Dominik zu hören, der sagt: »Man könnte meinen, wir hätten nicht dasselbe Haus gesehen.« Diese Bemerkung und das Lachen, das sie auslöst, sind genauso viel wert wie irgendwelche intelligenten Bemerkungen. Was damit zum Ausdruck gebracht wird, ist in der Tat ein grundlegendes Prinzip des geistigen Lebens: Die Wahrnehmung desselben Objekts löst individuell verschiedene Vorstellungen aus.

Nehmen wir einmal an, Inga und Patrick wollten an diesem schönen Sommertag Larissa und Dominik die Gesetze der geistigen Strategien beibringen. Auch wenn sie pädagogisch geschickt vorgehen und ihre Ausführungen mit zahlreichen Beispielen veranschaulichen, auch wenn die Kinder guten Willens sind, wird das Ergebnis ihren Erwartungen wahrscheinlich nicht entsprechen. Aber so, in entspannter Atmosphäre, ohne schulische »Lernziele«, konnte jeder mühelos und spielerisch diese wichtige Erfahrung machen, amüsiert zur Kenntnis nehmen und mit eigenen Worten formulieren. Die jeweiligen Vorstellungen wurden als solche akzeptiert und nicht bewertet. Auch wenn sie sich voneinander unterscheiden, verspürt keiner das Bedürfnis, sie zu vergleichen, denn alle sind interessant.

In unserer Gesellschaft kommt der Mathematik eine große Bedeutung zu. Wir tendieren schnell dazu, Prinzipien, die für die Mathematik gelten, auf alle Gebiete des Lebens zu übertragen. Wenn in der Mathematik zwei Zahlen verschieden sind, bedeutet das, dass sie ungleich sind, das heißt, eine Zahl ist zwangsläufig größer als die andere. Die Zahlen sieben und elf kann ich zueinander in Beziehung setzen und objektiv beschreiben, indem ich feststelle, dass elf größer als sieben und sieben kleiner als elf ist. Wenn wir über das geistige Leben sprechen wollen, müssen wir diese Einstellung ablegen. Zwei Vorstellungen mögen voneinander abweichen, zwei Gewohnheiten unterschiedlich sein, aber deswegen sind sie nicht im mathematischen Sinne ungleich. Man kann nicht sagen, die eine sei besser oder der anderen überlegen. In der Mathematik ist ein Ergebnis richtig oder falsch. Im geistigen Leben gibt es keine falschen Vorstellungen. Von einem Gedanken kann man sagen, er werde seinem Gegenstand nicht gerecht, nicht aber, er sei falsch.

Das Bewusstsein des geistigen Lebens

Die Zeit, die Sie dafür aufwenden, in Ihrem Kind das Bewusstsein für sein geistiges Leben zu wecken, ihm den Unterschied zwischen Außenwelt und Innenwelt, zwischen Wahrnehmung und Vorstellung, zwischen Sehen und Betrachten, zwischen bloßem Hören und Zuhören bewusst zu machen, ist nie verloren. Diese Investition schafft die Voraussetzungen für alles andere. Um sich auf etwas konzentrieren, etwas lernen, verstehen, über etwas nachdenken und Fantasie entfalten zu können, muss man der Welt stets mit wachem Blick begegnen. Es ist auch Sache der Eltern, ihrem Kind die Welt zu erschließen. An Gelegenheiten mangelt es nicht.

Geben wir dem Kind etwas, was es sehen, hören, berühren, spüren, schmecken kann! Teilen wir ihm unsere Gedanken, unsere Reaktionen, unsere Gefühle mit: »Das lässt mich daran denken, dass ..., das erinnert mich daran, dass ..., ich denke, dass ..., ich fühle, dass ..., ich habe Lust auf ...« Erschließen wir ihm die ästhetische Erfahrung. Vermitteln wir unserem Kind, was schön ist, was wir schön finden, mit unseren Worten. Und wenn es das nicht findet, hat es dann keinen Geschmack? Indem wir unseren Geschmack zum Ausdruck bringen, helfen wir ihm, seinen eigenen auszubilden. Fragen wir es, was es selbst schön findet und was nicht und warum. Und wenn es nichts versteht? Gehen wir auch dieses Risiko ein. Als unser Kind noch ganz klein war, haben wir da etwa gewartet, bis es einen bestimmten Grundwortschatz erworben hatte, um ihm zu sagen, dass wir jetzt seine Windeln wechseln, sein Fläschchen wärmen oder mit Omi telefonieren? Wir sollten immer davon ausgehen, dass es mehr versteht, als wir glauben.

Auch wenn Sie meinen, keinen sicheren Geschmack zu haben, keinen Sinn für Ästhetik, nichts von Musik zu verstehen, wenn Sie sich nicht gerade intellektuellen Kreisen zugehörig fühlen, in der Schule schlecht in Mathematik waren, sollten Sie sich nicht davon abhalten lassen. Muss man denn Musikkritiker sein, um sich von einem Musikstück oder einem Lied verzaubern zu lassen, oder Literaturwissenschaftler, um an einem Roman oder an einem Gedicht Freude zu haben, oder Ingenieur, um zu verstehen, wie eine Maschine funktioniert? Braucht man ein Diplom, um etwas empfinden oder mit seinen Kindern sprechen zu können? Sollen diese sich hervortun, indem wir uns möglichst klein machen? Wir sollten mehr Mut und keine Angst haben, wir könnten uns lächerlich machen. Wenn wir den Kindern die Welt erschließen, können sie auf diesem Grundstein ihr eigenes Gedankengebäude errichten. Wir sollten sie dazu ermutigen, die Bilder, die ihnen in den Sinn kommen, auch auszudrücken. Aber nur, wenn sie es wünschen. Keineswegs sollten wir zu brachialen Mitteln greifen, um ihre Vorstellungen ans Licht zu zerren. Wir können davon ausgehen, dass unser Beispiel mehr wiegt als alle unsere Anweisungen.

Die Vorstellungen, die unsere Kinder entwickeln, sind nicht immer zielgerichtet. Wir sollten sie deswegen aber nicht außer Acht lassen. Diese Vorstellungen sind insofern nützlich, als sie uns ständig daran erinnern, dass unser Kopf funktioniert, dass er Bilder produziert und dass er uns zur Verfügung steht, wenn wir ihn zu einem bestimmten Zweck benutzen wollen.

Übergeben Sie Ihrem Kind das Steuer

Es genügt nicht, unserem Kind bewusst zu machen, dass es eine innere Welt besitzt und dass in dieser etwas passiert. Wir müssen ihm auch die Mittel an die Hand geben, seinen geistigen Handlungen eine Richtung zu geben, indem wir von Situationen des Alltagslebens und von seinen Interessen ausgehen. Das ist einfacher, als man glaubt.

Nehmen wir folgendes Beispiel: Ein kleines Mädchen, es heißt Lisa und ist zehn Jahre alt, betrachtet schon seit einiger Zeit wie gebannt eine wunderschöne rote Rose. Wir gehen zu ihr hin und sprechen sie an: »Gefällt Dir diese Rose?« – »Oh ja. Schade, dass man sie nicht pflücken darf, sonst hätte ich sie mitgenommen und in mein Zimmer gestellt.« – »Damit Du sie immer anschauen kannst, wenn Du Lust hast? Das kann ich verstehen. Weißt Du, was wir tun werden? Du schaust sie Dir gut an und versuchst, sie in Deinen Kopf hineinzubringen. Und dann schließt Du die Augen und prüfst, ob sie immer noch in Deinem Kopf ist, auch wenn Du sie nicht mehr siehst. Einverstanden? Versuchen wir es?«

Mit der Formulierung »in Deinen Kopf hineinbringen« haben wir absichtlich ein neutrales Verb gewählt. Es lässt Lisa bei ihren geistigen Bildern freie Wahl: »Wenn Du die Augen schließt, siehst Du dann die Rose? Wenn Du willst, können wir es auch anders machen: Ich beschreibe Dir die Rose, ihre Farbe, ihre Form, wie sie aussieht, und Du versuchst, stillschweigend zu wiederholen, was ich Dir sage. Oder, wenn Dir das lieber ist: Du schaust Dir die Rose genau an und sagst Dir selbst die Wörter und Sätze vor, die Du in Deinem Kopf ausgewählt hast. Was möchtest Du? Was ist Dir am liebsten?«

In einem solchen Gespräch, das aus einer Situation heraus entstanden ist, die wir ihr nicht aufgezwungen haben (sie fühlt sich ja selbst von dieser Rose angezogen), zeigen wir ihr die verschiedenen Arten von Bildern, die man sich machen kann: visuelle, auditive oder verbale Bilder. Man kann ihr in diesem speziellen Fall auch andere Möglichkeiten vorschlagen: »Würdest Du lieber die Rose riechen, ihren Duft in Dich aufnehmen und diesen Duft in Deinen Kopf hineinbringen, damit Du ihn später wieder wachrufen kannst? Oder möchtest Du sie anfassen und in Deinen Kopf hineinbringen, was Du bei dieser Berührung gespürt hast?« Unter allen Vorschlägen wählt Lisa selbst die ihr gemäße Art von Vorstellungen aus. Wir begnügen uns damit, ihr verschiedene Möglichkeiten zu präsentieren, und ermöglichen ihr dadurch die Wahl. Ausgehend von dieser Rose, können wir noch weitergehen, wenn Lisa immer noch Interesse an ihr zeigt. Wenn sie sich aber anderen Dingen zuwenden möchte, sollten wir sie nicht davon abhalten. Wir haben noch viel Zeit und viele andere Gelegenheiten, um mit ihr gemeinsam die Welt zu erkunden.

»Lisa, wir wollen uns die Zeit damit vertreiben, alle möglichen Dinge in unseren Kopf hineinzubringen, die uns bei dieser Rose einfallen. Wir haben schon gesehen, wie wir die Rose in unseren Kopf hineinbringen können und dass es mehrere Möglichkeiten dafür gibt. Wir können uns sagen, dass ›Rose‹ die Blume ist, die wir vor uns sehen, aber ›Rose‹ ist auch das Wort, das sie bezeichnet, so nennt man sie. Wir werden versuchen, das Wort ›Rose‹ in unseren Kopf hineinzubringen, und dann werden wir uns gegenseitig erzählen, wie wir das gemacht haben. Einverstanden?« Nach längerem Schweigen: »Also, wie hast Du es gemacht? Hast Du das Wort ›Rose‹ in Deinem Kopf geschrieben gesehen? Oder hast Du in Deinem Kopf gehört, wie jemand das Wort ›Rose‹ sagte? Oder hast Du Dir selbst in Deinem Kopf das Wort ›Rose‹ gesagt?« Ganz bewusst sagen wir: »in Deinem Kopf«, »in Deinen Kopf hineinbringen«, »was Du in Deinen Kopf hineingebracht hast«, damit Lisa sich des Unterschieds bewusst wird zwischen der Rose, die sie vor sich sieht, und dem Bild, das sie sich von der Rose gemacht hat, zwischen dem Wort ›Rose‹ und dem Bild dieses Wortes in ihrem Kopf. »Ausgehend von dem Wort ›Rose‹ kann man alle möglichen Spiele erfinden. Man kann zum Beispiel nach Ausdrücken suchen, die das Wort ›Rose‹ enthalten: Rosenstrauß, Rosenwasser, Sandrose, Windrose … «

Natürlich ist das nur ein Spiel. Und dennoch konnten wir Lisa zeigen, wie wir beim Anschauen einer schönen Blume von einem Vorstellungsbereich in einen anderen hinüberwechseln können. Wir haben uns lange in B1 aufgehalten, dem Vorstellungsbereich der alltäglichen Dinge, als wir Lisa vorgeschlagen haben, die Rose aufmerksam zu betrachten. Dann haben wir einen Augenblick im Bereich B2 verbracht, indem wir uns das Wort »Rose« unter verschiedenen Blickwinkeln vorgestellt haben. Wir können hier anhalten oder unsere Reise fortsetzen, zum Beispiel in den Bereich B3, den des logischen Denkens, indem wir uns fragen, warum der Rosenstrauch gerade an dieser Stelle gepflanzt wurde oder wie die Blüte gestaltet ist und warum die Blütenblätter abfallen. Wir können auch viel Zeit im Bereich B4 verbringen und uns vorstellen, dass die Rose eine Prinzessin ist mit einem Kleid aus Blütenblättern und ihre Dornen die einzigen Mittel sind, mit denen sie sich verteidigen kann. Natürlich wollen wir Lisa mit unseren Erklärungen nicht lästig fallen. Sonst riskieren wir beim nächsten Mal, dass sie davonläuft, wenn sie uns sieht. Aber wir konnten ihr auf diese Weise zeigen, über welche Möglichkeiten sie verfügt, wozu sie ihren Kopf gebrauchen kann.

Es kann sein, dass Lisa uns nach einigen Tagen beiläufig mitteilt: »Das mit der Grammatik hab ich zuerst nicht geschafft. Ich hab es dann wie mit der Rosenblüte gemacht.« Und zu unserem größten Erstaunen erklärt sie uns, dass sie genauso, wie sie in ihrem Kopf die Gestalt der Rosenblüte analysiert hat, die verschiedenen Satztypen und deren Aufbau analysieren konnte. Oder sie erzählt uns: »Wenn ich in Biologie den Aufbau des Verdauungstrakts lernen muss, mache ich es nicht wie mit der Rose. Die Rose schaue ich einfach an. Das genügt, um sie in meinen Kopf hineinzubringen. Beim Verdauungstrakt schaue ich ein wenig in meinem Kopf, ich mache es aber auch so, wie Du gesagt hast. Ich sage mir etwas vor: Zuerst kommt der Mund, dann die Speiseröhre, dann der Magen, dann der Darm …« Oder sie sagt gar nichts. Daraus dürfen wir aber nicht vorschnell schließen, dass nichts passiert ist und dass unser Gespräch keinerlei Folgen hatte. Die wichtigsten Entdeckungen

119

sind nicht immer besonders spektakulär und bleiben oft im Verborgenen.

Aber nun zu Ihnen: Was ist in Ihrem Kopf passiert bei dieser Begegnung mit Lisa? Welche Bilder haben Sie sich von dieser Szene gemacht? Haben Sie ein kleines Mädchen gesehen? War sie dunkel, blond oder rothaarig? Oder war sie nur eine flüchtige Erscheinung? Und die Rose? Haben Sie sie gesehen? War sie aufgeblüht? War sie lachsrot oder purpurrot? Haben Sie sich den Duft der Rose vorgestellt? Oder haben Sie sich auditive Vorstellungen des von Ihnen gelesenen Textes gemacht? Als wir Ihnen vorgeschlagen haben, die kleine Lisa anzusprechen, haben Sie sich da gesehen, wie Sie zu ihr hingegangen sind? Oder sind Sie außerhalb der Szene geblieben? Haben Sie sich nach dieser Lektüre andere Situationen vorgestellt, die Ihrer eigenen Erfahrung entstammen? Versuchen Sie, in Ihrem Kopf alle Bilder ablaufen zu lassen, die Sie im Laufe Ihrer Lektüre produziert haben. Lesen Sie nun das Textstück noch einmal langsam, gehen Sie dabei auf alle diese Fragen ein und versuchen Sie, Ihre Vorstellungen mit anderen Bildern zu bevölkern als denjenigen, die Sie sich spontan gemacht hatten.

Welche Kinder sind auf diese Weise zu stimulieren?

Ausnahmslos alle, denn alle können geistige Strategien entwickeln, die ihnen in der Schule, in ihrem späteren Berufsleben, bei allen Gelegenheiten nützlich sein werden. Wenn ein Kind bereits in der Schule oder beim Spielen von alleine bestimmte geistige

120

Strategien entdeckt, kann es diese noch verbessern, wenn ihm klargeworden ist, wie sie funktionieren, aber es kann auch andere Strategien erproben. Und wenn nicht, dann macht das Kind dank unserer Unterstützung eine wirkliche Entdeckung, es entdeckt sein ihm bis dahin unbekanntes und daher ungenutztes Potential.

In welchem Alter kann man damit anfangen? Es ist nie zu früh, denn mit Spielen wie dem Versteckspiel mit dem Teddybären erschließen Sie schon dem Kleinkind sein Vorstellungspotential. Wenn wir es überfordern, wird es uns das schon zu verstehen geben. Aber es ist auch nie zu spät. Gerade bei jungen Menschen haben wir oft die Tendenz zu sagen: »Ich habe es falsch gemacht. Jetzt ist alles gelaufen. Warum sollte er sich noch ändern, er hört ja doch nicht auf mich. Jetzt ist alles zu spät.« Es besteht jedoch kein Anlass zur Resignation, denn es ist nie zu spät. Viele Jugendliche werden vorschnell als »Versager« abgestempelt, als wäre dies ein definitives Qualifikationsmerkmal. Vielleicht ist es für sie zu spät, den Weg einzuschlagen, den wir uns für sie erträumt hatten, oder das Studium zu ergreifen, das wir für sie vorgesehen hatten. Aber sie können immer noch Nutzen ziehen aus ihren geistigen Ressourcen, sich ihr geistiges Potential erschließen, etwas lernen und Aktivitäten entdecken, für die sie sich begeistern können. Im geistigen Leben stehen die Türen immer offen. Es ist auch nie zu spät, mit ihnen (wieder) einen echten Dialog zu führen. Bestimmt haben wir nicht alles versucht. Was gibt uns also das Recht zu glauben, das sei nicht möglich?

Die Türen stehen immer offen

Wir hören immer wieder von hochbegabten Kindern, die mit einem Jahr sprechen und mit drei Jahren lesen können, mit zehn Jahren Schachmeister sind und mit vierzehn Jahren ihr Abitur machen. Mit Recht werden diese Leistungen herausgestellt, denn sie zeigen, dass nicht alle Kinder in den einzelnen Altersstufen den gleichen Entwicklungsstand aufweisen. Sie zeigen aber auch, dass man die jeweiligen Möglichkeiten des Kindes nicht aus den Augen verlieren darf. Genauso könnte man Beispiele finden für »Spätzünder«. Nicht wenige Kinder, die noch in der Mittelstufe als wenig begabt eingestuft wurden, finden in der Oberstufe ein Terrain vor, auf dem sie ihre Intelligenz besser entfalten können. Viele Jugendliche bestehen gerade soeben ihr Abitur und blühen dann in dem von ihnen gewählten Studium regelrecht auf. Und nicht wenige junge Leute sind nach einem abgebrochenen Studium im praktischen Berufsleben erfolgreich. Und es gibt erwachsene Menschen, die sich mit dreißig, vierzig oder fünfzig Jahren plötzlich für Dinge interessieren, mit denen sie früher nichts anfangen konnten. Manchmal erlaubt erst das Ausscheiden aus dem Berufsleben, neue Aktivitäten zu entdecken und sich darin auszuzeichnen.

Das geistige Leben hat immer eine Zukunft. Diese Überzeugung vertritt auch René Laforestrie: »Jeder besitzt ein kreatives Potential, unabhängig von seinem Alter, seiner gesellschaftlichen Stellung oder seinem genetischen Kapital. Die für die Kreativität notwendigen Ressourcen sind universell. Jedes Leben ist eine Quelle der Inspiration und der Kreativität« (*L'âge de créer*, 1991). Laforestries Überzeugung wurzelt in den Erfahrungen, die er seit mehr als fünfzehn Jahren in seiner Klinik in Ivry machen konnte. Er hat Künstler, Maler und Bildhauer eingeladen, ihr Atelier in der Abteilung für Langzeitpatienten dieser Klinik einzurichten und diejenigen, die dies möchten, dort arbeiten zu lassen. »Auch mit achtzig Jahren kann man noch Lust haben, etwas Neues zu entdecken«, bestätigt der Bildhauer Robert Pérot. »Eines Tages habe ich eine sehr alte Dame gefragt: ›Wenn Sie abends in Ihr Zimmer zurückkehren, denken Sie dann an das, was Sie im Atelier gemacht haben?‹ Ihre Antwort war umwerfend: ›Nein, ich denke an das, was ich morgen machen werde.‹«

Wie soll es da für unsere Kinder zu spät sein? Wahrscheinlich haben wir zu viel gehört und gelesen über die Bedeutung der ersten Lebensjahre eines Kindes und deren Einfluss auf seine weitere Entwicklung. Es ist aber keineswegs so, dass alles vor dem sechsten Lebensjahr entschieden wird, wie der Titel eines im Übrigen ausgezeichneten Buches behauptet (*Tout se joue avant six ans*, 1987). Es gibt für Eltern keinen Grund, zu resignieren und in ihren pädagogischen Bemühungen nachzulassen. Das Feld unserer geistigen Gewohnheiten lässt sich ständig verändern und erweitern.

2. »Tue ich zu viel des Guten?« – Lieben Sie Ihr Kind mit dem rechten Abstand

Die erdrückende Liebe

Anna hat einen 9-jährigen Sohn, Michael. Aus übergroßer Liebe und Besorgnis fürchtet sie die Schwierigkeiten, denen er begegnen könnte, so sehr, dass sie ihm diese mit allen Mitteln ersparen will. Obwohl die Schule nicht weit von der Wohnung entfernt und der Schulweg keineswegs gefährlich ist, begleitet Anna ihren Sohn regelmäßig zur Schule und holt ihn genauso regelmäßig wieder ab: »Man kann nie wissen, einmal genügt …« Michael kommt zum Mittagessen nach Hause, weil Anna glaubt, die Mahlzeiten in der Schulkantine seien nicht ausgewogen. »Und dann wüsste ich auch nicht, ob er auch genug isst. Den ganzen Tag in der Schule, das ist zu viel für ihn.« Anna hilft Michael bei allen Hausaufgaben. Nichts entgeht ihrer Aufmerksamkeit. »Ich meine, wenn man Kinder hat, muss man sich auch um sie kümmern, sonst kann man es gleich bleiben lassen. Michael braucht mich. Letztes Jahr musste ich zwei Tage verreisen, Michael hatte nichts gemacht und bekam schlechte Noten.« Im Allgemeinen ist Anna mit der Lehrerin, die sie regelmäßig aufsucht, einer Meinung, um so mehr, als Michael gute Noten nach Hause bringt, aber sie verträgt nicht die geringste Kritik. »Sie können sich nicht vorstellen, was sie zu mir gesagt hat: Michael sei nicht kreativ genug! Das ist wirklich ein starkes Stück, bei seinen Hausaufgaben versuche ich immer, originelle Vorschläge zu machen.« Anna freut sich zwar, dass Michael beim Basketballspielen Fortschritte macht, findet aber, dass er nach den Spielen erschöpft nach Hause kommt. Sie meint, er verausgabe sich zu sehr und will ihn daher aus dem Basketball herausnehmen und für ihn »eine weniger anstrengende Sportart« suchen.

Alles in Annas Verhalten zeigt, wie sehr sie ihren Sohn liebt. Sie fühlt alles mit, was ihm widerfährt, und nimmt mit einer solchen Intensität daran teil, dass sie in ihrer Liebe geradezu mit ihm verschmelzen will. Aber dieses Verschmelzenwollen läuft häufig auf ein Auslöschen der Persönlichkeit hinaus. Und genau da liegt das Problem. Obwohl die körperliche Trennung bei Michaels Geburt eintrat, verhält sich Anna noch heute so, als ob ihr Sohn kein eigenständiges, von ihr getrenntes Wesen wäre. Um ein eigenes geistiges Leben entwickeln zu können, muss Michael wissen, wer er selbst ist. Seine Mutter sollte ihn auf seinem Weg zur Selbständigkeit nicht behindern.

Liebe zu bestimmten Bedingungen

Die 7-jährige Sophie war acht Tage lang bei ihrer Großmutter in den Ferien. Aber sie kommt nicht so fröhlich wie sonst zurück. Ihrer Mutter, die versucht, den Grund zu verstehen, erklärt sie schmollend: »Ich will in den Ferien nicht mehr zu Omi gehen. Ich will lieber bei euch bleiben.« – »Das ist aber seltsam. Gewöhnlich bist Du doch mit Deinen Ferien zufrieden, und Omi auch. Was ist los, Sophie? Ist etwas passiert?« Sophie zögert, verzieht das Gesicht und bricht dann in Tränen aus: »Omi mag mich nicht mehr. Sie hat es selbst gesagt.« – »Sophie, erzähl mir in aller Ruhe, was passiert ist.« – »Ich hab draußen gespielt, auf dem feuchten Boden, das war dumm. Außerdem hab ich meine schönen Schuhe schmutzig gemacht und Omis Pflanzen zertreten. Omi ist herausgekommen und hat gesagt, ich sei sehr böse, deshalb mag sie mich nicht mehr, und sie hat mich in mein Zimmer eingesperrt.« – »Also hast Du eine Dummheit begangen, und Omi hat mit Dir geschimpft. Aber ich kann Dir versichern, dass sie Dich trotzdem noch mag, auch wenn Du Dir die Schuhe schmutzig gemacht hast.« – »Warum hat sie das dann gesagt?«

Es ist nicht immer einfach, unsere Kinder zu tadeln, ohne ihnen das Gefühl zu geben, dass wir ihnen unsere Liebe entziehen. Aber wir müssen ihnen Grenzen setzen. Wenn wir ihnen sagen, dass man nicht ins Feuer fassen darf oder die Straße nur auf dem Zebrastreifen überqueren soll, schützen wir sie vor körperlichen Gefahren. Wenn wir sie dazu ermahnen, sich zweimal täglich die Zähne zu putzen, bringen wir ihnen die Regeln der Hygiene bei. Und wenn wir ihnen die elementaren Höflichkeitsformen vermitteln, geben wir ihnen die Regeln für das Leben in der Gesellschaft an die Hand. Wenn wir sie dazu anspornen, im Unterricht zuzuhören und mitzuarbeiten, vergrößern wir ihre Entwicklungschancen.

Häufig aber ist es so, dass unsere Worte, unsere Erklärungen, unser Schweigen oder unser Tonfall, die Strafe, die wir unserem Kind androhen für den Fall, dass es nicht gehorcht, auf dieses den gleichen Effekt haben wie der Ausspruch »Wenn Du das nicht tust, mag ich Dich nicht mehr«, auch wenn wir das natürlich so nicht sagen. Das Kind merkt sich, dass es ausgeschimpft wird, wenn es einfach so über die Straße läuft; dass es den Hintern versohlt bekommt, wenn es sich nicht die Zähne putzt; dass es ohne Nachtisch ins Bett geschickt wird, wenn es unhöflich ist; und dass es deshalb im Unterricht mitarbeiten muss, um Mama, die sich solche Mühe gibt, keinen Kummer zu machen. Alldem entnimmt das Kind unbewusst die allgemeine Lebensregel, dass man nicht deshalb bestimmte Gesetze beachten muss, weil sie richtig oder gut sind, sondern um nicht ausgeschlossen zu werden, um sich die Achtung und die Liebe der Eltern zu erhalten.

Diese an Bedingungen geknüpfte Liebe (»Ich liebe Dich, wenn …«, »Ich liebe Dich nicht mehr, wenn …«) kann im geistigen Leben eines Kindes viel Schaden anrichten. Es wird jeden neuen Gegenstand mit der Angst angehen, es nicht zu schaffen (und nicht mehr geliebt zu werden), und seine natürliche Begeisterungsfähigkeit verlieren.

Welches ist die richtige Distanz?

Lucien Sauvat und Monique Godreau, zwei Schulexperten, stellen fest: »Um Lesen oder Rechnen zu lernen, muss man sich gewisse fundamentale Regeln aneignen und akzeptieren, dass Symbole (Buchstaben oder Zahlen) so oder so zu übersetzen sind. Das Kind muss begreifen, dass es bestimmte Codes gibt, die es lernen kann. Wir stellen aber fest, dass manche Kinder wirkliche Schwierigkeiten haben, sich diese elementaren Gesetze anzueignen. Wenn wir nachfragen, finden wir oft heraus, dass die Beziehung zu ihren Eltern der Grund dafür ist.«

Das ist zum Beispiel der Fall bei Anna und ihrem Sohn Michael. Lucien Sauvat und Monique Godreau zufolge fürchten manche Eltern sich davor, ihrem Kind Grenzen zu setzen, aus Angst davor, von diesem dann nicht mehr geliebt zu werden. Man kann gewissermaßen sagen, dass sie ihr Kind zu sehr lieben, um ihm helfen zu können. Es ist ihr Besitz, sie lassen es nicht ein eigenständiges Wesen sein, die Nabelschnur wird nicht abgetrennt.

»Wenn man versucht, diesen Kindern die fundamentalen Regeln beizubringen, ist das sehr schwierig. Um Lesen zu lernen, muss man selbstständig sein, Lust haben, etwas von sich aus zu machen, zu kommunizieren, auf andere zuzugehen. Lesen heißt kommunizieren. Diese Kinder sind nicht selbstständig, haben keine von ihren Eltern unabhängige Persönlichkeit.«

Aber auch die an Bedingungen geknüpfte Liebe, die viele Ausprägungen kennt, hat ähnliche Konsequenzen für die Lernfähigkeit des Kindes: »Es gibt Eltern, die ihren Kindern Gesetze präsentieren, ohne ihnen deren Sinn zu erklären. Jedes Gesetz wird mit einer Sanktion verbunden. Es wird durch die Eltern verkörpert und ist ein Grundpfeiler ihrer Macht über das Kind. Wenn die Autoritätsperson nicht mehr da ist, dann ist das so, als würde das Gesetz nicht mehr existieren. Es bleibt ein dem Kind fremdes Phänomen, das nur in der Vorstellung der Eltern und in der Autoritätsbeziehung zwischen Eltern und Kind präsent ist.

Wenn ein solches Kind in der Schule die Regeln lernen soll, um lesen, schreiben oder rechnen zu können, so funktioniert das nicht, weil schon der Gedanke, sich ein Gesetz anzueignen, diesem Kind fremd ist. Oft kann die Lehrerin feststellen, dass es weniger Fehler macht, wenn sie hinter ihm steht, also das Gesetz verkörpert. In beiden Fällen wird die pädagogische Arbeit darin bestehen, anhand von Rollenspielen, von symbolischen Situationen das Kind selbst entdecken zu lassen, dass Gesetze einen Sinn haben können und dass man sich diesen Sinn aneignen kann. Man wird dadurch unabhängig, was schließlich ein angenehmes Gefühl ist. Gleichzeitig verliert das Gesetz seinen unsicheren Charakter. Ohne dass ›Schulmethoden‹ angewandt werden, lässt sich sehr oft feststellen, dass das Kind in den Fächern, in denen es vorher Schwierigkeiten hatte, nun spektakuläre Fortschritte macht.«

Sauvat und Godreau schließen daraus: »Das Kind hat ganz einfach Selbstvertrauen gefunden oder wieder gefunden. Es weiß jetzt, was Lernen bedeutet und wie viel es ihm bringen kann. Bei den von uns angebotenen Spielen geht es vor allem darum, den Dingen, dem Leben, der Schule einen Sinn zu geben: Was passiert in der Schule? Warum kann man dort etwas lernen?«

Wir müssen uns ständig bemühen, die Liebe zu unseren Kindern in den Dienst der Entfaltung ihrer Persönlichkeit und der Entwicklung ihrer Eigenständigkeit zu stellen. Leider werden die verschiedenen Aspekte der Entwicklung des Kindes häufig getrennt betrachtet, auf der einen Seite psychologische, affektive Aspekte und auf der anderen Seite intellektuelle, leistungsorientierte Aspekte. Beide Bereiche werden streng voneinander getrennt. Die gewählten Beispiele sollten uns daran erinnern, dass der Mensch ein Ganzes und dass das affektive Gleichgewicht eines Kindes eine wesentliche Voraussetzung für die Entwicklung seines geistigen Lebens und für seinen schulischen Erfolg ist. Damit kommen wir auf die Ausgangsfrage zurück: Welches ist die ideale Distanz zwischen meinem Kind und mir? Wir dürfen nicht aneinander kleben, sonst weiß das Kind nicht mehr, wer es selbst ist. Mein Kind ist von mir verschieden, es ist eine eigenständige Person. Aber es muss meiner bedingungslosen Liebe sicher sein, sonst ist das Fundament, auf dem es seine eigene Persönlichkeit aufbaut, nicht stabil genug. Und wir sollten bei aller Sorge um seine Zukunft nicht die Gegenwart aus den Augen verlieren. Seinen Freuden und Kümmernissen, seinen Erfolgen und Schwierigkeiten mag »für später« Bedeutung zukommen, wir sollten ihnen aber vor allem heute Rechnung tragen. Unser Kind ist nicht vollkommen und wird es auch nicht werden. Wenn wir definitiv auf diesen Anspruch verzichten, ermutigen wir es dazu, seinen eigenen Weg zu gehen.

3. »Womit soll ich anfangen?« – Geben Sie auf Ihr Kind Acht, hören Sie ihm zu

Solange unser Kind noch klein ist, nehmen wir jeden Entwicklungsschritt hingerissen zur Kenntnis. Auf sein erstes Lächeln, seine ersten Schritte, seine ersten Worte, seine ersten Spiele etc. reagieren wir mit einer

130

Begeisterung, die unsere nächste Umgebung gerührt oder amüsiert zur Kenntnis nimmt. »Schau mal, was er macht. Komm schnell!« »Weißt Du, was sie gerade gesagt hat?« »Gib zu, für sein Alter ist das erstaunlich, oder etwa nicht?« Diese Bewunderung, die wir dem Kleinkind zuteil werden lassen, ermutigt es, weitere Fortschritte zu machen. Wir sollten darauf achten, was ihm besonders gut gelingt und uns darüber freuen, nicht gezwungenermaßen versuchen, fehlende Fähigkeiten zu früh zu trainieren.

Der 3-jährige Fabian setzt seine Eltern durch seine Beobachtungsgabe immer wieder in Erstaunen. Bei einem Spaziergang erkennt er ein Haus wieder, das er vor drei Monaten unter einem anderen Blickwinkel zum ersten Mal gesehen hatte. Als seine Eltern den Autoschlüssel suchen, geht er direkt zu der Stelle, wo er hingelegt wurde. Sein Lieblingsausspruch ist: »Schau mal, das ist das gleiche!«, wenn er ein Plakat oder ein Auto wieder erkennt, oder auch: »Das ist wie ...«, wenn er das, was er sieht, mit etwas anderem, das er gesehen hat, assoziiert. So ist der Umhang von Batman wie ein Gewitter, denn vor wenigen Tagen konnte man eine schwarze Wolke sehen, bevor es heftig zu regnen anfing, und die Pappel erinnert ihn an den Besen zu Hause.

Saskia, ebenfalls drei Jahre alt, mag es, wenn man ihr Geschichten vorliest, von denen sie einige auswendig aufsagen kann. Und sie mag Spiele, bei denen man etwas zusammensetzen muss, vor allem diejenigen, die nicht nur an Automatismen appellieren, sondern Beobachtung und Reflexion erfordern. Ihre Lieblingsfrage ist: Warum? Warum setzt Du den Fuß auf die Pedale, wenn Du bremsen willst? Warum arbeitet niemand am Sonntag? Warum schreit die Frau?

Was können wir daraus schließen? Fabian hat ganz offensichtlich die Tendenz, sich visuelle Bilder zu machen, und er scheint sich in den Bereichen B1 (Vorstellungen des Alltäglichen) und B4 (kreative Vorstellungen) sehr wohl zu fühlen. Saskia macht sich eher auditive Vorstellungen und scheint sich von den Bereichen B2 (Automatismen) und B3 (logisches Denken) besonders angezogen zu fühlen. Wir sollten aber deswegen nicht ein für alle Mal Fabian als visuell und Saskia als auditiv veranlagt »abstempeln«. Vor allem sollten wir nicht denken, wir müssten mit Fabian dringend Übungen machen, mit denen er logisches Denken trainieren kann, und unbedingt etwas dafür tun, dass Saskia kreative Fähigkeiten entwickelt. Besser ist es, ihnen einfach zuzuschauen, mit ihnen zu spielen und uns über ihre Entdeckungen und kleinen Heldentaten zu freuen.

Bewahren wir ihnen unsere Bewunderung!

Wenn ihr Kind heranwächst, in den Kindergarten oder in die Schule kommt, sagen die Eltern für gewöhnlich: »Jetzt beginnt der Ernst des Lebens.« Vorbei ist es mit gerührten Reaktionen und offener Bewunderung. Für das Kind beginnt die Zeit der Ermahnungen: »Du musst jetzt arbeiten. Erst die Arbeit, dann das Vergnügen. Am Ende des Schuljahres musst Du lesen, schreiben und rechnen können.«

Vor kurzem noch erschien uns jede seiner neuen Errungenschaften wie ein Geschenk, und jetzt fordern wir von unserem Kind, Fortschritte zu machen. Wir sehen nicht mehr, welche Pluspunkte es vorzuweisen hat, und konzentrieren uns auf seine Minuspunkte. Wir waren entzückt über seine Originalität, und jetzt erwarten wir, dass es sich anpasst. Wir waren von seinen Entdeckungen hingerissen, und jetzt haben wir Angst, es könnte in der Schule nicht mitkommen. Man könnte meinen, es gehe zum Militär oder trete in das Berufsleben ein. Aber es ist gerade sechs Jahre alt und kommt in die erste Klasse. Es wird die große Chance haben, Zugang zu bekommen zur Welt der Wörter und Symbole, mit denen es sich seine Zukunft erschließen kann. Ist Lesen und Schreiben nicht eine große Bereicherung? Wir sollten unsere eigene Begeisterung auf sie übertragen, statt ihnen unsere Angst zu zeigen, sie könnten »nicht mitkommen«. Wir sollten nicht vergessen, dass auch sie uns beobachten. Auch wenn wir nichts sagen, können sie unsere Gedanken und Gefühle an einem Händedruck, einem gerührten Lächeln oder einem ungewöhnlich strengen Blick erraten. Wenn wir ihnen vertrauen, werden auch sie Vertrauen in sich haben.

Verlieren wir nicht unser Staunen!

Bewahren wir uns den unverbrauchten Blick, mit dem wir die ersten Schritte unseres Kindes beobachtet haben, lassen wir uns überraschen. Wir können dabei nur gewinnen, und unsere erhöhte Aufmerksamkeit und Aufnahmebereitschaft werden unserem Kind dann zugute kommen, wenn es unsere Hilfe braucht.

133

Die sechseinhalb Jahre alte Paula hat gerade lesen gelernt. Ihr Vater ist entzückt darüber, wie sie bereits alle ihre Bücher verschlingt. »Ich schaue ihr so gerne zu, wenn sie liest. Sie liest alles laut, folgt mit ihrem Finger den Zeilen und betont jede einzelne Silbe, weil sie sich noch nicht ganz sicher ist. Am lustigsten ist es, wenn sie mich imitiert, wenn ich ihr eine Geschichte vorlese. Sie verfällt dann in einen gelehrten Tonfall, unterbricht an den gleichen Stellen wie ich, um die gleichen Kommentare loszulassen.«

Auch die 12-jährige Julia ist der ganze Stolz ihres Vaters. »Diese Generation ist einfach toll. Neulich wollten Julia und ihre Freundin mich im Büro abholen, während ich gerade eine Arbeit an meinem Computer fertigstellte. Ich zeigte ihnen, was ich mache. Zufällig hatten sie in der Schule gerade eine Einführung in die Informatik gehabt. Nach fünf Minuten lagen beide halb auf dem Schreibtisch und schlugen auf die Tastatur ein. Sie boten wirklich einen köstlichen Anblick, wie sie da hingebungsvoll auf den Bildschirm sahen. Man könnte meinen, sie hätten die Intelligenz mit Löffeln gefressen.«

Corinna ist sechzehn Jahre alt. Die Wohnung ihrer Familie ist nicht sehr groß, so dass sie ihre Aufgaben am Wohnzimmertisch machen muss, wobei ihre Mutter sie genau beobachten kann. Diese erzählt: »Corinna vollzieht ein regelrechtes kleines Ritual, wenn sie sich an die Arbeit macht. Zuerst nimmt sie ihr Mäppchen aus der Schultasche, leert es aus und ordnet ihre Stifte auf ihrer rechten Seite in einer Reihe an. Dann holt sie ihr Aufgabenheft heraus und murmelt vor sich hin: Zuerst mache ich die Matheaufgaben für morgen und dann fange ich damit an, eine Karte der Vereinigten Staaten nachzuzeichnen. Dann schließt sie ihr Aufgabenheft wieder und holt alles heraus, was sie braucht, um ihre Matheaufgaben zu machen. Wenn sie eine Aufgabe liest, habe ich jedes Mal den Eindruck, dass sie gleich aufhört zu atmen. Sie runzelt die Stirn, spitzt den Mund und schaut starr auf ihr Buch. Wenn sie fertig ist, atmet sie auf und stößt einen großen Seufzer aus. Dann fängt sie an zu schreiben und spricht dabei leise vor sich hin: Wir haben ein Dreieck ABC … Hat sie die Lösung gefunden, wieder ein großer Seufzer, und ihre Mimik besagt: Ich bin sehr zufrieden mit mir. Für mich ist es immer eine Freude, ihr dabei zuzuschauen. Ich selbst kann mich nur schlecht organisieren, wenn ich aber sehe, wie planmäßig meine Tochter vorgeht, erfüllt mich das mit Stolz.«

Hören wir ihnen zu, damit wir mehr über sie erfahren!

Wir sollten uns jedoch nicht nur damit begnügen, unsere Kinder zu beobachten. Wenn wir mehr über sie erfahren wollen, dürfen wir keine Möglichkeit außer Acht lassen, mit ihnen zu sprechen und ihnen zuzuhören. Hier der jeweilige Bericht von zwei Kindern über den gleichen Ausflug, den Besuch eines Vergnügungsparks:

»Wir sind in den Bus gestiegen, dann ist der Bus losgefahren und wir haben unsere Jacken ausgezogen. Dann haben wir im Bus gesungen. Und dann hat der Bus angehalten. Wir haben unsere Jacken wieder angezogen. Wir haben ein Sandwich mit Wurst gegessen, Kartoffelchips und Schokoladenkuchen. Dann haben wir Pferden zugeschaut. Und dann sind wir wieder in den Bus gestiegen. Nicolas hat seine Jacke vergessen, deshalb ist der Lehrer wieder ausgestiegen, um sie zu holen. Dann ist der Lehrer wieder in den Bus gestiegen und danach sind wir weitergefahren. Und dann sind wir beim Vergnügungspark angekommen. Wir sind aus dem Bus gestiegen und dann haben wir lange im Park gespielt. Danach sind wir wieder in den Bus gestiegen und ich habe geschlafen. Dann sind wir angekommen. Und Du hast mich abgeholt.«

In diesem Bericht werden alle Ereignisse des Tages in chronologischer Reihenfolge registriert. Keinem Ereignis kommt dabei ein besonderes Gewicht zu. Das Anziehen der Jacke scheint die gleiche Bedeutung zu haben wie die verschiedenen Spiele im Vergnügungspark, die doch das Ziel des Ausflugs waren. Die Vorstellungen entstammen vor allem dem Bereich B1 (dem Bereich des Alltäglichen) und werden hauptsächlich in der dritten Person formuliert.

»Wir haben Pferde gesehen. Es gab ein schwarzes und ein weißes Pferd, aber beide waren sehr schmutzig, weil der Boden schlammig war. Das schwarze Pferd hinkte. Sie sind ganz nahe an uns herangekommen und ich habe das weiße Pferd gestreichelt und habe ihm trockenes Brot zu fressen gegeben. Sie waren hinter einem Stacheldraht, und ich glaube, sie waren unglücklich darüber, dass man sie eingesperrt hatte. Als wir gegangen sind, waren sie sehr traurig, vor allem das weiße, weil es gerne mit mir gekommen wäre. Es hat mich mit seinen großen braunen Augen angeschaut und dann hat es sie ein wenig geschlossen, als ob es weinen würde. Wenn ich groß bin und Geld habe, gehe ich zu dem Besitzer des weißen Pferdes und kaufe es ihm ab. Dann können wir lange Spaziergänge zusammen machen und Freunde sein.«

Hier sind die Vorstellungen visueller Natur. Das Kind hat ein einziges Ereignis des Tages behalten, das vielleicht nur wenige Minuten gedauert hat, das aber anscheinend seine ganze Erinnerung besetzt. Der Anteil der Fantasie (Bereich B4) ist sehr groß und es wird in der ersten Person formuliert. Durch die Beobachtung unserer Kinder erfahren wir vor allem, wie sie etwas tun, durch das Gespräch mit ihnen, was sie dabei denken.

Vorsicht vor Etikettierungen!

Auch hier wollen wir jedoch keine voreiligen Schlüsse ziehen. Die Versuchung ist groß, wenn man den zweiten Bericht hört, zu behaupten: »Mein Sohn ist visuell veranlagt.« Wir sollten uns aber vor Kategorisierungen hüten. Hier ließe sich lediglich feststellen: »Mein Sohn hat sich in diesem Bericht vor allem auf visuelle Vorstellungen berufen.« In einem anderen Bereich kann er durchaus vor allem auditive oder verbale Vorstellungen haben. (Wenn er zum Beispiel eine Grammatikregel behalten will, so sagt er sie sich leise vor.)

Wenn wir beobachten, dass ein Kind das gleiche Verfahren mehrmals und in verschiedenen Bereichen anwendet, dann können wir davon ausgehen, dass es vor allem visuelle (oder auditive oder verbale) Vorstellungen hat. Wir sollten aber darauf achten, es nicht ein für alle Mal als visuell, auditiv oder verbal veranlagt zu klassifizieren, so wie wir sagen können, dass es braune oder blonde Haare hat. Denn es geht dabei um geistige Gewohnheiten und unser Kind ist durchaus in der Lage, diese zu verändern bzw. sich neue Gewohnheiten anzueignen.

Die Schule eignet sich natürlich ganz besonders, wenn wir unserem Kind bei der Entdeckung und Optimierung geeigneter geistiger Strategien helfen wollen. Hier handelt es sich nicht mehr um völlig zweckfreie Übungen, sondern diese sind durchaus zielgerichtet. Es geht darum, konkrete Aufgaben zu lösen. Aus Gründen der Effizienz und manchmal auch aus Mangel an Zeit würden wir am liebsten sehen, dass unser Kind spontan die richtige Methode wählt. Und wir vergessen, dass es seine eigenen Gewohnheiten hat, die mit unseren nicht unbedingt übereinstimmen müssen. Jetzt sind Sie als verständiger Ansprechpartner besonders gefragt.

4. »Warum versteht sie das nicht?« – Sprechen Sie mit Ihrem Kind in seiner Sprache

Klaus hilft seiner Tochter, der $7^1/_2$-jährigen Marie, dabei, ihre Multiplikationstabellen zu lernen. Die Übung führt schnell zu einem Konflikt: »Aber das ist doch einfach«, ruft Klaus außer sich, »du musst es eben auswendig lernen. Und dafür gibt es nicht 36 Methoden. Man muss wiederholen, wiederholen und nochmals wiederholen.« Aber Marie versteift sich darauf, es verstehen zu wollen: »Zwei mal vier sind gleich acht, das verstehe ich. Denn wenn Du zum Beispiel vier Äpfel hast und noch mal vier Äpfel, dann hast Du acht Äpfel. Aber sechs mal sieben, das verstehe ich nicht.« – »Aber man verlangt von Dir nicht, dass Du es verstehst, man verlangt von Dir, dass Du es lernst. Ich verstehe das auch nicht, und ich weiß trotzdem, dass sechs mal sieben 42 macht. Hier gibt es auch nichts zu verstehen, das ist eben so.« Die Folge davon ist, dass Marie stundenlang auf ihre Tabellen schaut, während ihr Vater alle Kräfte aufbietet, sie immer wieder laut aufzusagen. Schließlich verliert er die Geduld, geht aus dem Zimmer und schlägt die Tür hinter sich zu, unzufrieden mit seiner Tochter wie mit sich selbst.

Das kann uns allen passieren. Irgendwann kommt der Moment, wo wir behaupten, dass es nicht beliebig viele Methoden gibt, sondern nur eine einzige, nämlich unsere eigene. Aus der eben geschilderten Szene geht klar hervor, dass Marie eine Sache erst verstehen muss, bevor sie sie lernen kann. Ihre geistigen Gewohnheiten verlangen von ihr, zuerst den Bereich B3 zu passieren. Dort macht sie sich visuelle Bilder: Sie sieht Äpfel vor sich. Paul hingegen richtet sich entschieden in B2 ein und macht sich verbale Bilder: Er muss laut wiederholen. Wie Sie solch ein Problem lösen können, darauf gehen wir im Folgenden noch ein.

Keine falschen Konflikte mehr!

Wenn jeder auf seiner Position beharrt, kann der Konflikt lange dauern. Aufgrund seiner Autorität als Vater wird Paul Marie vielleicht dazu bringen, ihm die Multiplikationstabellen laut aufzusagen. Aber wird sie diese auch behalten? Hier sind Zweifel erlaubt. Wird sie sie im Unterricht wieder anwenden können? Nichts ist weniger sicher. Dieses Familiendrama riskiert, sich so oft zu reproduzieren, wie Marie aus der Schule kommt und eine Lektion lernen muss. Und zwar völlig sinnlos. Wenn wir unseren Kindern mit den besten Absichten helfen wollen, können wir leicht zu ihren schlimmsten Feinden werden, solange wir nicht akzeptieren, dass ihre geistigen Gewohnheiten sich von unseren eigenen unterscheiden können, und solange wir glauben, unsere eigene Methode habe Anspruch auf Allgemeingültigkeit.

Zu Beginn dieses Jahrhunderts propagierte Frederick Winslow Taylor etwas, was er die wissenschaftliche Organisation der Arbeit nannte, die unter dem Begriff Taylorismus der Nachwelt bekannt wurde. Worum ging es dabei? Um die für die Konsumgesellschaft notwendige Massenproduktion zu ermöglichen, hatte Taylor Methoden entwickelt, die die Produktivität der Fabriken erhöhen sollten: optimaler Einsatz der Maschinen, Arbeitsteilung, Vermeidung unnützer Bewegungen, Zeitmesssysteme, Prämienzahlungen an besonders produktive Arbeiter. Dieses System, mit dem die Fließbandarbeit ins Leben gerufen wurde, gehorchte einem Prinzip, das man mit drei Worten formulieren kann: *one best way*, eine einzige richtige Methode. Das heißt, der Taylorismus postuliert, dass es ein Produktionsverfahren gibt, das rentabler ist als alle anderen. Man muss dieses nur finden und vom Menschen verlangen, sich ihm anzupassen. Jedes Mal, wenn wir meinen, *die* Methode zu besitzen, um ein Problem zu lösen oder einen Text zu verstehen, praktizieren wir diesen Taylorismus.

Im Umgang mit unseren geistigen Tätigkeiten und vor allem denen unserer Kinder sollten wir uns von einer derartigen Einstellung so weit wie möglich distanzieren.

Seien wir skeptisch uns selbst gegenüber!

Die Liebe, die unsere Person mit dem anderen identifizieren will, mag der Grund dafür sein, die Haltung des Taylorismus einzunehmen. Wie könnte Anna in Erwägung ziehen, dass Michael anders »funktioniert« als sie selbst? Aber auch ohne so weit zu gehen, zeigen viele von uns diese Einstellung. Wir stehen gewissen Gewohnheiten unserer Kinder um so ratloser gegenüber, je mehr wir von unseren eigenen pädagogischen Methoden überzeugt sind.

Eine Mutter von zwei Kindern berichtet: »Mit meinem ältesten Sohn ist immer alles gutgegangen. Er ist nicht intelligenter als seine Schwester, aber er hat immer akzeptiert, dass wir zusammenarbeiten, in jedem Fach. Wir sehen die Dinge auf die gleiche Weise. Jedes Mal, wenn wir eine neue Art von Übung angehen, erkläre ich ihm an einem Beispiel, wie er es machen muss. Und dann macht er die nächste Übung alleine. Wenn es ihm nicht gelingt, fangen wir noch mal von vorne an. Mit der Jüngeren ist das nicht möglich. Wir verstehen uns nicht besonders, sie muss immer alles kompliziert machen.«

Sie macht alles kompliziert? In anderen Fällen heißt es, sie sei unwillig, dumm oder faul, sie habe keine Lust, mit ihrer Mutter zu arbeiten. Vielleicht bedeutet »alles kompliziert machen« lediglich, dass sie sich andere Vorstellungen als ihre Mutter macht? Sagt die Mutter nicht, dass ihr Sohn »die Dinge auf die gleiche Weise *sieht*« und dass sie sich mit ihrer Tochter »nicht besonders gut *versteht*«?

Passen wir uns an!

Was bei einem unserer Kinder funktioniert, weil wir die gleichen geistigen Gewohnheiten haben, kann bei dem anderen scheitern, weil es andere Gewohnheiten hat. Es ist also unsere Aufgabe, uns anzupassen.

Aber versuchen wir zuerst, die Gründe für diese »Missverständnisse« zu erhellen. Der erste Grund lässt sich wie folgt darstellen:

visuelles Elternteil – auditives oder verbales Kind
auditives oder verbales Elternteil – visuelles Kind

Aber es gibt noch sehr viele andere Gründe, die alle mit unterschiedlichen Gewohnheiten zu tun haben. So haben wir zum Beispiel gesehen, dass Marie etwas verstehen muss, um es lernen zu können, während ihr Vater es leichter akzeptiert, Automatismen zu erwerben, ohne der Sache auf den Grund zu gehen. Es genügt ihm zu wissen, was er damit anfangen kann. Hier haben wir wieder den Unterschied zwischen *erklärendem* und *anwendungsbezogenem* Verstehen.

Eine weitere Quelle von Missverständnissen ist unsere Vorliebe für einen bestimmten Vorstellungsbereich bei der Lösung bestimmter Aufgaben, wie der Bericht einer Mutter zeigt, die sich über die Arbeitsgewohnheiten ihres Sohnes wundert: »Neulich musste er folgende Übung machen: Zeigen Sie, dass in jedem gleichschenkligen rechtwinkligen Dreieck die beiden spitzen Winkel 45° betragen. Ich nehme ein Lineal, einen Bleistift, einen Winkelmesser, zeichne ein rechteckiges Dreieck mit zwei gleichen Schenkeln und überprüfe, ob die Winkel 45° betragen. Wenn ich meine Zeichnung vor Augen habe, kann ich anfangen, darüber nachzudenken. Mein Sohn sagt mir, dass er kein Beispiel braucht, sondern sich nur auf die Begriffe der Formulierung stützt: Dreieck, rechtwinklig und gleichschenklig. Zuerst: ›Dreieck‹. Es ist bekannt, dass die Summe der drei Winkel eines Dreiecks gleich 180° ist. Dann: ›rechtwinkliges Dreieck‹. Ein rechtwinkliges Dreieck hat einen Winkel von 90°. Also ist die Summe der beiden anderen Winkel 180 – 90 = 90°. Dann: ›gleichschenkliges‹ Dreieck. Ein gleichschenkliges Dreieck hat zwei gleiche Winkel, die keine rechten Winkel sein können. Sonst wäre ja die Summe der beiden gleichen Winkel 2 ¥ 90° = 180°, und der dritte Winkel hätte 0°. Es wäre also kein Dreieck. Also sind die beiden gleichen Winkel die beiden anderen, deren Summe 90° beträgt. Also ist jeder gleich 45°. Das ist einfach und unwiderlegbar. Und außerdem beherrscht er seine Lektion. Und ich muss mein Beispiel vor Augen haben, um diese Überlegungen anstellen zu können.« Dieses Beispiel lässt sich in das übergreifende Schema visueller Elternteil – auditives Kind einordnen.

Dabei lässt sich die Vorgehensweise von Mutter und Sohn noch weiter differenzieren. Die Mutter braucht ein Beispiel, um auf die allgemeine Aussage zu kommen. Sie geht induktiv vor, das heißt, sie geht von den Fakten aus, um auf das Gesetz zu kommen. Ihr Sohn hat dieses Bedürfnis nicht. Aufgrund seiner geistigen Gewohnheiten dieser Art von Problem gegenüber situiert er sich spontan in B3, dem Bereich der logischen Beziehungen, während seine Mutter, um nach B3 zu gelangen, B1 passieren muss, den Bereich der Beobachtung der Fakten. Auch hier handelt es sich um unterschiedliche geistige Gewohnheiten. Glücklicherweise beobachtet die Mutter mit Neugier und sogar mit einer gewissen Bewunderung die Vorgehensweise ihres Sohnes. Aber was wäre, wenn sie versuchen würde, ihm die »richtige« Methode aufzuzwingen: »Nein, zuerst musst Du ein Beispiel haben. Dann sehen wir weiter«? Ihr Sohn würde auf diesem Weg eventuell scheitern.

Folgender Bericht eines Vaters, der die besten Absichten hat, gibt uns eine Vorstellung davon: »Sie hatte eine Hausaufgabe zu machen über die Gründe des Zweiten Weltkriegs. Da das ziemlich schwierig war, habe ich mich neben sie gesetzt, um ihr zu helfen. Sie hat sofort mit einem Gedanken losgelegt, der Wirtschaftskrise in Deutschland und dem Aufstieg Hitlers, und diesen zu entwickeln begonnen. Im Übrigen muss ich gestehen, dass sie ihre Lektion beherrschte. Aber trotzdem, das ist doch keine Arbeitsmethode! Ich habe sie sofort gestoppt und ihr gesagt, dass man es so nicht machen kann. Bevor man mit dem Schreiben beginnt, muss man sich einen Plan machen und Stichworte sammeln. In der Geschichte sind vor allem die Daten wichtig. Also habe ich sie die wichtigsten Daten abschreiben lassen, in chronologischer Reihenfolge. Dann habe ich sie gebeten, einen Plan aufzustellen, und danach, ihre Gedanken zu entwickeln. Aber da blockte sie ab. Sie sagte mir, sie hätte den Eindruck, gar nichts mehr zu wissen.«

Wenn sie mit einer Frage konfrontiert werden, die Reflexion verlangt, müssen manche Kinder sich zuerst völlig frei eine Reihe von (visuellen, auditiven oder verbalen) Vorstellungen machen, um sie dann schriftlich darstellen zu können. Mit diesen ersten Vorstellungen können sie dann andere Bilder assoziieren, ohne dass sie das Bedürfnis verspüren, diese zu hierarchisieren oder zu ordnen. Erst wenn sie alle Gedanken beisammen und zum Teil bereits entwickelt haben, können sie diese klassifizieren, logische Beziehungen zwischen ihnen herstellen und einen Plan aufstellen. Andere Kinder beginnen erst dann mit der Abfassung, wenn sie ein vollkommen klares Bild des Ganzen haben, in das die verschiedenen Gedanken sich einfügen lassen. Sie erstellen einen logischen und detaillierten Plan ihrer Hausaufgabe und schreiben dann, indem sie die von ihnen definierten »Kästchen« ausfüllen.

Es ist wenig förderlich und geradezu verhängnisvoll, unserem Kind eine bestimmte Gewohnheit mit der Begründung aufzwingen zu wollen, dass wir selbst es so machen. Wir können aber einem Kind, das sich partielle Vorstellungen macht, dabei helfen, einen Plan zu konstruieren. So wird es keinen wichtigen Gedanken vergessen und die Beziehungen zwischen den verschiedenen Teilen seines Plans besser darstellen können. Ein Kind, das sich zuerst ein umfassendes Bild macht, können wir dazu ermuntern, jeden einzelnen Gedanken besser auszuarbeiten, sein Vokabular zu bereichern und den Mut zu haben, persönliche Ideen auszudrücken.

Wenn wir die geistigen Gewohnheiten unserer Kinder nicht akzeptieren, kann dies unsere Beziehung zu ihnen bis in den Bereich der Freizeit hinein vergiften, wie uns ein Vater berichtet: »Was mich zur Verzweiflung treibt, ist, dass er keinerlei Sinn für Beobachtung und Analyse hat. Neulich habe ich ihn in eine Monet-Ausstellung mitgenommen. Da ich viel über den Impressionismus gelesen hatte, habe ich ihm bereits auf der Fahrt die Techniken der Impressionisten erklärt, insbesondere von Monet. Während des Besuchs der Ausstellung zeigte ich ihm, wie man die Licht- und Schatteneffekte, die verschiedenen Farbnuancen und den Einfluss Turners und den der anderen Impressionisten auf das Werk Monets erkennen kann. Offensichtlich interessierten ihn meine Erklärungen überhaupt nicht. Er sagte mir, dass er die Bilder lieber von weitem betrachten würde, und alles, was ich ihm entlocken konnte, waren ziemlich vage Äußerungen über das, was er vor den *Seerosen* und der *Kathedrale von Rouen* empfunden hatte. Seine mangelnde Reife betrübt mich.« Sein Sohn hätte ihm antworten können:

»Papa, schau Dir die Ausstellung in B3 an, wenn Du willst, aber lass mich damit in Ruhe. Ich schwebe in B4 – und das ist keine Frage der Reife!«

Ein exemplarischer Dialog

Kehren wir zu Klaus, Marie und ihren Multiplikationstabellen zurück. Und stellen wir uns vor, wie Klaus voller Gewissensbisse wieder zu Marie zurückkommt und zu ihr sagt: »Hör mal, Marie, eben habe ich mich dummerweise aufgeregt. Könntest Du mir jetzt Deine Geschichte mit den Äpfeln erklären? Danach werden wir versuchen, zusammenzuarbeiten und dabei von dem ausgehen, was Du in Deinem Kopf siehst.« Damit sind die Bedingungen für einen Dialog wiederhergestellt.

Was wird Marie ihm jetzt antworten? Zuerst, dass sie etwas verstehen muss, um es lernen zu können, und dass es ihr sehr schwerfällt, die Multiplikationstabellen auswendig zu lernen, um sie anwenden zu können. (Zum Unterschied zwischen anwendungsbezogenem und erklärendem Verstehen vgl. I.1.IV.) Sie wird sagen, dass sie 2 × 4 = 8 lernen kann, weil sie diese Multiplikation versteht, aufgrund des visuellen Bildes, das sie sich davon macht: Sie sieht vier Äpfel, sie sieht noch mal vier Äpfel, und sie sieht, dass das zusammen acht Äpfel sind. Aber um ihr wirklich helfen zu können, muss Klaus etwas mehr wissen über die Bilder, die sie in ihrem Kopf hat, weil er seine Erklärungen auf diesen Bildern aufbauen muss. Er muss also weitergehen: »Marie, Du siehst Äpfel. Könntest Du mir genau erklären, was Du siehst?« – (Nach kurzem Schweigen) »Wie ich Dir gesagt habe, sehe ich Äpfel, vier Äpfel und dann noch mal vier Äpfel, das macht also acht Äpfel.« – »Wie sehen sie aus, Deine Äpfel? Sind sie bunt? Sind sie alle gleich, oder sind sie verschieden? Sind sie in einem Korb?« – »Sie sind alle gleich, sie sind rot, dunkelrot. Sie liegen nicht in einem Korb, sie befinden sich in einer Reihe.« – »Sind sie waagerecht aufgereiht, so ... (Handbewegung von links nach rechts), oder senkrecht, so ... (Handbewegung

147

von oben nach unten)? Berühren sie sich oder
nicht?« – »Nein, sie sind so (Handbewegung von
links nach rechts), sie berühren sich nicht, zuerst
sind da vier, mit einem ganz kleinen Abstand da-
zwischen, dann kommt ein größerer Abstand und
dann die vier anderen Äpfel.« – »O.k. Also Deine
Äpfel liegen alle in einer Reihe. Ist der Abstand zwischen den beiden Gruppen von Äpfeln sehr groß?« –
»Nein, der Abstand ist etwa so groß wie zwei
Äpfel.« – »Wenn ich es zeichne, sieht es dann etwa
so aus?«

– »Ja. Genauso.« – »Sehr gut. Wie machst Du es jetzt,
um 2 mit 4 zu multiplizieren?« – ... – »Du verstehst
meine Frage nicht. Du hast Deine beiden Gruppen
mit vier Äpfeln. Siehst Du sie? Zählst Du sie? Sagst
Du Dir etwas vor?« – »Ja, ich sage mir zuerst: vier
Äpfel. Ich sehe das erste Paket. Ich zähle sie in meinem Kopf: 1, 2, 3, 4. Und dann sehe ich das zweite
Paket und zähle: 5, 6, 7, 8. Und ich sage mir: 2 mal 4,
das macht 8.« – »Sehr gut. Ganz genauso ist es bei der
Multiplikation. 2 mal 4, das sind zwei Pakete von
vier Äpfeln, und man sieht, das macht 8.« – »Ja, das
habe ich verstanden.« – »Und Du hattest Recht. Aber
das Problem ist, dass es größere Zahlen gibt, die man
multiplizieren muss.« – »Ja, 6 mal 7 zum Beispiel, das
kann man schwer sehen, das ist zu viel.« – »Ja, natürlich. Weißt Du, was wir machen werden? Wir werden

wieder von Deinen Äpfeln ausgehen und dann gemeinsam sehen, was sich machen läßt. O.k.?« – »O.k.« – »Zuerst gehen wir von Deinen beiden Paketen mit vier Äpfeln aus, mit einem Abstand zwischen beiden Paketen. Siehst Du sie?« – »Ja.« – »Jetzt schiebst Du in Deinem Kopf das zweite Apfelpaket unter das erste, einen Apfel aus dem zweiten Paket unter einen Apfel aus dem ersten Paket. O.k., geht das?«

»Es geht.« – »Somit liegen Deine beiden Pakete mit vier Äpfeln eines unter dem anderen, in zwei verschiedenen Reihen. Jetzt schreibst Du die Zahlen auf die Zeichnung, die Du in Deinem Kopf hast. Ans Ende der ersten Apfelreihe schreibst Du die Zahl der Äpfel: 4. Funktioniert das?« – »Ja, am Ende der ersten Reihe steht 4.« – »Sehr gut. Und ans Ende der zweiten Apfelreihe schreibst Du in Deinem Kopf die Zahl der Reihen: 2. Damit hast Du geschrieben, dass es zwei Reihen mit vier Äpfeln gibt.« – »Ja, und man kann sehen, dass das 2 mal 4 macht.« – »Genau. Und da es sich um eine Multiplikation handelt, setzt Du vor die 2 das Zeichen ×, das für die Multiplikation steht. Und dann ziehst Du unten einen Strich und schreibst das Ergebnis auf, indem Du alle Äpfel noch mal zählst: 8.«

»O.k. Ich hab's.« – »Und jetzt behältst Du die Zeichnung und die Zahlen im Kopf und sagst laut: 2 mal 4 sind gleich 8.« – »2 mal 4 sind gleich 8. Ja, das kann man sehen.« – »Und jetzt wiederholst Du Dir das mehrmals, damit Du Deine Äpfel nicht jedes Mal neu zählen musst.« – ... – »O.k. Hast Du es wiederholt? Sehr gut. Und um 2 mal 5 zu rechnen, wie könnte man das anstellen?« – »Das ist leicht. Man macht zwei Reihen mit 5 Äpfeln. Ans Ende der ersten Reihe schreibt man 5, und ans Ende der zweiten Reihe schreibt man ›× 2‹, man zieht einen Strich und schreibt: 10. Hier muss ich die Äpfel nicht zählen, denn es ist wie mit den zehn Fingern der Hände.« – »Genau, 2 Hände mit 5 Fingern, das ist wie 2 Reihen mit 5 Äpfeln. In beiden Fällen macht 2 mal 5: 10. Perfekt. Und um 3 mal 4 zu rechnen?« – ... – »Siehst Du keine Äpfel für 3 mal 4?« – ... – »Siehst Du Deine 2 Reihen mit 4 Äpfeln, mit der 4 und der 2?« – »Ja ..., ich hab's, man macht eine dritte Reihe mit noch mal vier Äpfeln.« – »Bravo, Du hast es verstanden.« – »Und man schreibt 4 ans Ende der ersten Reihe und ›× 3‹ ans Ende der dritten Reihe und darunter das Ergebnis.« – »Genauso ist es. Und wie lautet das Ergebnis?« – »Äh, man muss alle Äpfel zählen. (Sie zögert lange.) Äh, das macht 12?« – »Ja, das macht 12. Aber

Du siehst, es wird sehr viel schwieriger zu zählen.« – »Ja, deswegen ist es besser, das Ergebnis auswendig zu können. Das hat die Lehrerin auch gesagt. Jetzt verstehe ich, warum sie das gesagt hat. Die Lehrerin hat Recht.« – »Natürlich hat sie Recht. Jetzt kannst Du also Deine Tabellen lernen. Zum Beispiel 6 × 7, denn Du hast gesagt, das sei schwierig. In Deinem Kopf schreibst Du 7 und darunter »× 6«, und Du stellst Dir vor, dass Du viele Äpfel hast, 6 Reihen mit je 7 Äpfeln. Und da das zu viele sind, um sie zählen zu können, schreibst Du in Deinem Kopf darunter das Ergebnis, das ich Dir sage: 42. O.k.? Hast Du 42 geschrieben?« – »Ja, 6 mal 7, das macht 42.« – »Geschafft. Jetzt kannst Du Deine Tabellen lernen, indem Du in Deinem Kopf die Zahlen siehst und Dir die Apfelreihen dahinter vorstellst. Und Du wirst sehen, das wird schnell zu einem Spiel werden, das Dir Spass machen wird.«

Respektieren Sie ihre Methode!

Klaus übernimmt hier das Bild der Äpfel nicht nur, um Marie eine Freude zu machen. Es geht ihm sehr vielmehr darum, ihr eine Methode vorzuschlagen, die ihren geistigen Gewohnheiten entspricht. Sie hat ihrem Vater gesagt, dass sie eine Sache verstehen muss, um sie lernen zu können, dass sie sich spontan visuelle Bilder (Äpfel) macht aus dem Bereich B1 (die Wirklichkeit der Dinge und nicht deren Symbole) und dass sie sich ausgehend von diesen visuellen Bildern die Zahlen vorsagt (sie zählt und sagt sich, dass 2 mal 4 gleich 8 ist). Sie macht sich also verbale Bilder aus dem Bereich B2, die an visuelle Bilder aus dem Bereich B1 anknüpfen. Indem man diese Vorgehensweise respektiert, kann man ihr dabei helfen, das visuelle Bild der Apfelpakete durch das visuelle Bild der entsprechenden Zahlen zu ersetzen. Dann kann Marie die entsprechenden Wörter einsetzen und ihre Tabellen lernen.

An diesem Beispiel kann man die Bedeutung des bereits in I.2.III formulierten Prinzips sehen: Ein visuell veranlagter Mensch muss von visuellen Vorstellungen ausgehen, um sich auditive oder verbale Bilder machen zu können. Was kann man daraus schließen? Dadurch dass man ein Kind oder einen Erwachsenen ausführlich nach seinen geistigen Strategien befragt, kann man dessen »pädagogisches Profil« bestimmen, mit dem die geistigen Gewohnheiten der betroffenen Person dargestellt werden können. Es zeigt vor allem die Häufigkeit der Vorstellungen in jedem Bereich und die Art der Bilder, die man sich in jedem dieser Vorstellungsbereiche macht. Für Sie als Eltern geht es natürlich nicht darum, sich einer solchen Übung auszusetzen. Aber Sie können Ihr Kind beobachten, ihm zuhören und das Gespräch mit ihm suchen.

5. »Ich weiß nicht, wie ich es anstellen soll« – Fassen Sie Vertrauen zu sich

In den vorhergehenden Kapiteln haben Sie gesehen, dass Sie nicht auf Ihren eigenen Gewohnheiten beharren dürfen, wenn Sie Ihrem Kind wirklich helfen wollen. Vielmehr müssen Sie sich seinen geistigen Gewohnheiten anpassen, was Sie natürlich nicht daran hindern soll, danach wieder den von Ihnen bevorzugten Weg einzuschlagen. Aber lässt sich diese Anpassung so einfach bewerkstelligen? Gewiss, indem Sie ihm Fragen stellen, es danach fragen, in welchem Vorstellungsbereich es sich befindet. Um jemanden besuchen zu können, muss man wissen, wo er wohnt. Im geistigen Universum ist das genauso. Sie werden sehen, dass Ihr Kind durchaus in der Lage ist, Ihnen ganz genau zu sagen, wo es sich aufhält.

Wenn ich meinem Kind dabei helfen will, Vorstellungen zu entwickeln, seine inneren Bilder kennenzulernen, intellektuelle Strategien zu entwickeln und mit Erfolg anzuwenden, muss ich wissen, wie ich selbst vorgehe. Sonst bin ich versucht zu glauben, dass meine eigene Vorgehensweise, meine eigenen geistigen Strategien, obwohl ich sie nicht kenne und nicht analysiert habe, allgemeingültig sind.

Zum Beispiel: Meine Muttersprache ist Deutsch. Aber wenn ich nicht weiß, dass Deutsch eine Sprache ist und dass es noch andere Sprachen gibt, werde ich glauben, dass alle Deutsch sprechen. Stellen wir uns nun vor, dass ich einem Ausländer begegne, der die Schweiz besucht, und dass dieser sich nur in seiner eigenen Muttersprache ausdrücken kann. Ich werde ihm sagen, dass er sich sehr schlecht ausdrückt – ich verstehe ja nichts von dem, was er mir sagt – und werde ihn bitten, sich die Mühe zu machen, normal zu sprechen. Diese Situation mag Ihnen karikiert erscheinen. Aber haben Sie, wenn Sie visuell veranlagt sind, nicht einige Schwierigkeiten mit der Vorstellung, dass jemand, der sich ein Bild, das er vor einigen

Tagen gesehen hat, wieder ins Gedächtnis rufen will, dies ausschließlich mit Worten tun kann? Und begreifen Sie, wenn Sie auditiv oder verbal veranlagt sind, ohne weiteres, dass man ein Gedicht auswendig lernen kann, indem man sich eine visuelle Vorstellung des geschriebenen Textes macht?

Es ist also unbedingt notwendig, dass wir uns unserer eigenen geistigen Gewohnheiten bewusst werden. Und deshalb fordern wir Sie auch regelmäßig dazu auf, sich nach Ihren eigenen geistigen Strategien zu fragen. Vielleicht amüsiert Sie das. Aber vielleicht fragen Sie sich auch, worum es wirklich geht: seinem Kind zu helfen oder sich der Introspektion hinzugeben? Natürlich geht es um beides. Sie können Ihrem Kind nicht dabei helfen, seine geistigen Strategien zu präzisieren und zu optimieren, ohne dass Sie sich die gleichen Fragen stellen. Beides ist untrennbar miteinander verbunden.

Tauchen Sie mit ihm ein!

Um einem Kind das Schwimmen beizubringen, kann man am Rand des Schwimmbeckens stehen und von dort aus ausgezeichnete Ratschläge erteilen. In diesem Fall ist das jedoch nicht möglich. Man muss mit ihm ins Wasser springen. Damit wir uns nicht missverstehen: Es geht nicht darum, sich in sein Leben einzumischen und an allen seinen Aktivitäten und Vergnügungen teilzuhaben. Im Übrigen ist es sehr wahrscheinlich, dass das liebe Kind Sie ziemlich schnell auf Ihren angestammten Platz verweisen würde. Hier ist von seinem geistigen Leben die Rede.

Und auf diesem Gebiet können wir uns nicht damit begnügen, nur aufmerksame Zuschauer zu sein, wenn unser Kind unsere Hilfe braucht. Jedes Mal, wenn wir es fragen: »Wie machst Du das?«, können wir uns die Frage nicht ersparen: »Wie mache ich das eigentlich?« Und ist es nicht viel lustiger, statt unser Kind vom Rand des Schwimmbeckens aus zu beobachten, mit ihm zusammen ins Wasser zu springen, mit ihm zu schwimmen, auch wenn unser Stil nicht gerade elegant ist, Ball zu spielen usw.?

Natürlich sind nicht alle Situationen gleich. Es gibt Kinder mit Schulschwierigkeiten, die nichts sagen, aber sehr unter dieser Situation leiden. Ihre Hilferufe sind nicht immer zu hören, aber hinter Aussprüchen wie »Ist mir doch egal« oder gezielten Provokationen versteckt sich oft eine wirkliche Notlage. Und es gibt Eltern, die mutlos und deprimiert sind, weil sie ohnmächtig zusehen müssen, wie ihre Kinder abdriften, weil sie sich Sorgen um ihre Zukunft machen und alles für den Erfolg und das Glück ihrer Kinder tun würden, aber nicht wissen, was sie dafür tun können. Diese Eltern kaschieren ihre Verzweiflung häufig mit spöttischen oder zornigen Bemerkungen. Wenn Sie das Gefühl haben, dass das auf Sie zutrifft, so ist dies ein Grund mehr, nicht länger zu zögern.

Was wir Ihnen vorschlagen, ist nicht allein den schwierigen Fällen vorbehalten, Kindern mit »Schulproblemen« oder »Schulversagern«. Auch wenn alles gut läuft, wenn Ihr Kind aufgeweckt ist und mit Erfolg lernt, können sich ihm zusätzliche Möglichkeiten auftun. Und selbstverständlich auch Ihnen selbst. Vielleicht zögern Sie noch und denken, dass es vielleicht klüger wäre, zunächst Ihre eigenen geistigen Gewohnheiten zu erkunden, bevor Sie Ihr Kind auf dieses Abenteuer mitnehmen. Aber wenn wir warten wollen, bis uns alles »klargeworden« ist, lassen wir uns nie darauf ein. Warum zögern wir also? Ohne es uns eingestehen zu wollen, hätten wir vielleicht doch gerne einen kleinen Vorsprung vor unseren Kindern, würden wir gerne die Überlegenheit behalten, die wir normalerweise aufgrund unseres Wissens haben.

Ändern Sie die pädagogische Beziehung!

Könnte man nicht einmal von einem Lehrer-Schüler-Verhältnis absehen? In der traditionellen Perspektive der Pädagogik verfügt der Lehrer über das Wissen. Er beherrscht sein Fach, versteht etwas von Didaktik und Lernprozessen. Der Schüler weiß nichts, er ist da, um etwas zu lernen. Der Lehrer gibt sein Wissen an die Schüler weiter. Wenn sie mehr lernen wollen, sind sie wieder auf ihn angewiesen. Könnte man nicht einmal gemeinsam suchen? Könnten Sie nicht einmal darauf verzichten, den Lehrer zu spielen? Zweifellos würde Ihnen das eine ganze Anzahl von Überraschungen bescheren, darunter auch diejenige, dass Ihr Kind Ihnen etwas beibringt.

Dafür muss man eine pädagogische Beziehung herstellen, in der die Rollen ganz anders aussehen: Nicht Ihr Kind stellt Fragen, sondern Sie selbst, nämlich, um seine geistigen Strategien kennenzulernen. Nicht Sie zwingen ihm eine Methode auf, sondern Ihr Kind zeigt Ihnen mit seinen Antworten, wie man ihm etwas beibringen kann. Je präziser Ihre Fragen zu seinen geistigen Bildern sind, desto besser können Sie Ihre Vorgehensweise diesen Bildern anpassen.

Sie wollen erreichen, dass Ihr Kind seine Hausaufgaben richtig macht und natürlich gute Noten bekommt. Also geht es darum, ihm beizubringen, wie man lernt. Aber es geht nicht nur darum, sondern es gilt, auch alles dafür zu tun, damit es sich bereichern, damit es besser arbeiten und letztlich auf Sie verzichten kann.

Vielleicht zögern Sie noch immer und sagen sich, diese Vorgehensweise sei zu kompliziert und Sie könnten sich nicht vorstellen, dass ihr Kind zu einer solchen Analyse seiner geistigen Strategien bereit sei. Es falle ihm schon schwer genug, seine Mathematikaufgaben (oder seine Französischaufgaben etc.) zu machen, und Sie befürchten, mit Ihren Fragen alles noch komplizierter zu machen. Die Erfahrung jedoch zeigt, dass diese Bedenken keinesfalls berechtigt sind. Lesen Sie noch einmal den pädagogischen Dialog in I.2.V. Diese Kinder hatten nie zuvor Gelegenheit zu einer solchen Arbeit gehabt. Wahrscheinlich waren Sie überrascht über ihre Spontaneität und die Vielfalt ihrer Antworten. Aber dies ist nur ein Beispiel unter vielen, denen man in der pädagogischen Praxis begegnet. Ihr Kind hat die gleichen Fähigkeiten. Vertrauen Sie ihm. Und vertrauen Sie auf Ihre Beziehung zu ihm.

Stellen Sie Ihrem Kind zu Beginn einfache Fragen, nach der Lektüre einer Aufgabe, der Lösung einer Übung oder dem Erlernen einer Lektion usw.: »Was ist in Dir vorgegangen, als Du die Aufgabe gelesen hast? Kannst Du Dich an die Bilder erinnern, die sich

dabei in Deinem Kopf eingestellt haben?« Am Anfang ist es durchaus möglich, dass Ihr Kind auf diese Fragen nicht antworten kann. Entweder, weil es nicht versteht, was Sie von ihm erwarten, oder, da ihm nie solche Fragen gestellt wurden, sie zwar versteht, aber mit seiner Antwort dennoch zögert. Verlieren Sie nicht den Mut, versuchen Sie, Ihre Frage anders zu formulieren und dabei präziser zu sein. Die ersten Sätze des pädagogischen Dialogs mit Sven (vgl. I.2.V.) sollen Ihnen dies verdeutlichen:

M: »Erzähl mir, was in Dir vorgegangen ist, als Du die Aufgabe gelesen hast.« – S: »Also, ich habe den Text gelesen.« – M: »Du willst sagen, dass Du in Deinem Innern gehört hast, wie Du laut liest?« – S: … – M: »Oder hast Du die Stimme Deiner Lehrerin gehört oder eine andere Stimme, die an Deiner Stelle gelesen hat? Oder hast Du Dir beim Lesen Bilder von dem Text gemacht?« – S: … – M: »Als Du die Aufgabe gelesen hast, hast Du da in Deinem Kopf die Situation wie in einem Film gesehen, oder hast Du nichts gesehen, aber gehört, wie gesprochen wird?« – S: »Doch, jetzt verstehe ich. Ich habe mir einen kleinen Jungen vorgestellt, ich sah ihn wie auf einer Leinwand.« (…)

Sven kann mit der ersten Frage unmittelbar nichts anfangen. Die Lehrerin macht ihm daher verschiedene Vorschläge. Auf die ersten geht er nicht ein, weil sie den Bildern, die er sich gemacht hat, nicht entsprechen. Aber er reagiert auf »wie in einem Film«, da er in dieser Formulierung die Art seiner Vorstellungen wieder erkennt. Um Ihrem Kind die Bedeutung der Frage »Was geht in Dir vor?« näherzubringen, müssen Sie häufig drei weitere Fragen formulieren: »Hast Du gesehen ...«, »Hast Du gehört ...«, »Hast Du Dir gesagt ...«. Mit einer dieser drei Fragen wird es seine Vorstellungen verknüpfen können, und es wird in der Lage sein, Ihnen in allen Einzelheiten zu erklären, wie es dabei vorgeht.

Vielleicht erscheinen Ihnen unsere Ausführungen zu einfach und Sie haben Ihre Zweifel, ob es ausreicht, Ihr Kind zu fragen, welche Bilder es sich macht, was es vor seinem geistigen Auge sieht, in seinem Innern hört oder sich sagt, um daraufhin einen Dialog führen zu können, der ihm eine bessere Nutzung seiner Intelligenz ermöglichen soll. Zudem könnten Sie vielleicht denken, dass dieses Buch viele Dinge enthält, die Sie bereits wussten und die Ihnen eine Sache des gesunden Menschenverstands zu sein scheinen. Rennen wir also offene Türen ein? Darauf gibt es drei Antworten:

1. Eine Sache muss nicht notwendigerweise kompliziert sein, wenn sie wahr sein soll. Die Überzeugungskraft eines Gedankens liegt oft darin, dass man ihn intuitiv bereits selbst hatte. Wenn er dann klar dargestellt wird, erscheint er uns ganz selbstverständlich.
2. Wir können manchmal vollkommen verstehen, was wir lesen, und den Eindruck haben, es sei selbstverständlich, es dann aber doch nicht in die Praxis umsetzen.
3. Wir rennen keine offenen Türen ein, denn wir sagen ja, dass sie offen sind. Es braucht nicht immer viel, um einem Kind seine geistigen Ressourcen zu erschließen.

Und diese Ressourcen kann man ganz einfach dadurch kennenlernen, dass man das Kind nach ihnen fragt. Es lohnt sich also, die Angst zu überwinden, uns lächerlich zu machen, und diese zwar einfachen, aber deswegen noch lange nicht dummen Fragen zu stellen.

Haben Sie Vertrauen zu sich!

Alles schön und gut, mögen Sie denken. Aber um meinem Kind helfen zu können, brauche ich wohl einige Kenntnisse in seinen Fächern. Wie soll ich ihm dabei helfen, etwas ins Französische zu übersetzen, wenn ich kein Wort dieser Sprache spreche? Oder ein schwieriges Problem der Thermodynamik zu lösen, wenn ich nie etwas über deren Gesetze gehört habe? Ihre Bedenken sind verständlich, aber in Wirklichkeit ist es nicht notwendig, über das Thema sehr viel mehr als Ihr Kind zu wissen. Schließlich kann das gemeinsame Suchen anregend sein und verhindern, dass Sie Ihrem Kind Ihre eigene geistige Strategie aufzwingen. Auch wenn Ihnen das paradox erscheint, können Sie sogar weniger wissen als Ihr Kind, denn die wichtigste Hilfe, die Sie ihm zuteil werden lassen, betrifft das Erkennen, das Verstehen und die Optimierung seiner geistigen Strategien. Sie müssen nicht seine Hausaufgaben machen, sondern es in die Lage versetzen, diese selbst zu machen. Wir sind oft schon bald selbst nicht mehr in der Lage, die Hausaufgaben unserer Kinder zu erledigen. Es kann sein, dass wir in diesem Fach schlecht waren, dass wir alles vergessen haben, dass das Vokabular sich geändert hat, dass der

Zeitaufwand zu groß wäre, wollten wir mit ihnen gleichziehen. All dies ist jedoch kein Grund, von vornherein aufzugeben. Man kann seinem Sohn durchaus dabei helfen, ein Mathematikproblem zu lösen, auf dessen Lösung man selbst nicht kommen würde. Oder besser Fußball zu spielen, auch wenn man selbst nie einen Ball gekickt hat. Und man kann seiner Tochter dabei helfen, ihre Geschichtslektion zu lernen, obwohl einen selbst die betreffende Epoche nicht sonderlich interessiert.

Natürlich ist es bequemer, einem Kind zu sagen: »Setz Dich hin und hör mir zu. Ich werde es Dir beibringen.« Es ist einfacher, weil wir uns dabei weniger einbringen müssen. In manchen Fällen funktioniert es auch, weil die Strategie, die wir ihm vorschlagen, zufällig genau seinen eigenen geistigen Gewohnheiten entspricht. Aber in den meisten Fällen ist es nicht gerade von Erfolg gekrönt, weil das Kind sich in der von uns vorgeschlagenen Vorgehensweise nicht wiederfinden kann. Mit Gewalt können wir vielleicht erreichen, dass es sich schließlich unseren Vorstellungen anpasst. Aber mit welchem Aufwand an Energie, der sich gegen das Kind und seine Gewohnheiten richtet! Es hat zwar seine Lektion gelernt, aber vor allem hat es gelernt, dass es sich dafür gewaltig anstrengen muss und dass es nicht wirklich begabt ist. Aber es hat nichts über seine eigenen intellektuellen Möglichkeiten gelernt und ist daher nicht in der Lage, selbständige Fortschritte zu machen.

Die von uns vertretene pädagogische Richtung fordert eine enge Zusammenarbeit zwischen Lehrern und Schülern einerseits, zwischen Eltern und Kindern andererseits. In einem intensiven Dialog wird der Lernprozess gemeinsam gestaltet. Das zwischen ihnen bestehende Machtverhältnis bekommt dadurch eine ganz neue Dimension.

6. »Wie lassen sich die geistigen Fähigkeiten trainieren?« – Gehen Sie von dem aus, was Ihr Kind am meisten interessiert

Wir hoffen, deutlich gemacht zu haben, dass es dafür keine »gebrauchsfertige« Methode gibt. Wir sind in unserer Rolle als Eltern gefordert. Wir müssen unser Kind beobachten, in seine Welt eindringen und dafür unsere guten alten Gewohnheiten etwas aufgeben.

Im ersten Teil dieses Buches haben wir die verschiedenen geistigen Tätigkeiten kennengelernt. Am Beispiel der kleinen Lisa (vgl. II.1.) konnten wir sehen, wie man seine Aufmerksamkeit mit Erfolg auf etwas konzentrieren kann. Wie können wir mit unseren Kindern die übrigen geistigen Aktivitäten trainieren? Brauchen sie dafür einen speziellen Unterricht, oder müssen wir mit ihnen zu Hause daran arbeiten? Oder ist es wie in dem genannten Beispiel möglich, solche Entdeckungen in das Alltagsleben zu integrieren?

Um auf diese Fragen eine Antwort zu finden, wollen wir uns einer kleinen Inszenierung bedienen. Die Personen sind: Martina, Mutter von vier Kindern, deren Kinder Caroline, sechzehn Jahre, Tobias, vierzehn Jahre, Marie, zwölf Jahre, und Patrizia, neun Jahre. Zu Demonstrationszwecken haben wir mehrere Situationen gebündelt, die in der Wirklichkeit natürlich zeitlich weiter auseinander liegen. Nach der Lektüre dieser Beispiele schlagen wir Ihnen vor, sich Ihrerseits daran zu versuchen, auf Ihre eigene Weise.

Nachdenken

"TO-DO" - BEISPIELE

Am Mittwoch Nachmittag sind alle Kinder zu Hause. Martina wird mit Fragen bombardiert: »Mama, sag, gibt es in Dänemark Kraftwerke, die mit Wasser betrieben werden?« – »Warum fragst Du mich das, Tobias?« – »Weil ich mit zwei Klassenkameraden ein kleines Referat über Dänemark halten muss. Wir haben ziemlich viel über die Landwirtschaft, die Industrie und die Energiegewinnung in Dänemark gelesen. Aber ich bringe alles durcheinander und erinnere mich nicht mehr ganz genau. Kannst Du es mir sagen?« – »Hör mal, Tobias, ich würde es lieber sehen, wenn wir gemeinsam überlegen. Weißt Du, wie ein solches Kraftwerk funktioniert?« – »Ja, natürlich, der Strom wird mit Wasserkraft erzeugt. Das Wasser treibt Turbinen an, die Strom erzeugen. Kannst Du Dich nicht erinnern, dass wir in den Ferien ein Kraftwerk gesehen haben, das sich unterhalb eines Wasserfalls befand?« – »Doch, ich erinnere mich genau. Was weißt Du denn über die Geografie Dänemarks?« – »Dänemark ist ganz flach, es gibt nicht mal einen Hügel. Ich hab's: Wenn es keine Berge gibt, kann es auch keine Wasserfälle geben, und es gibt kein Wasser, mit dem man Turbinen antreiben könnte. Also kann es in Dänemark auch keinen

Strom geben, der mit Wasserkraft erzeugt wird.« – »Siehst Du, Tobias, Du kommst sehr gut ohne mich zurecht. Wenn Du Dich mit Deinem Computer beschäftigst, ist das genauso. Du hast jede Menge Informationen, die auf Deiner Festplatte gespeichert sind. Und wenn Du eine Frage hast, schaust Du dort nach, ob Du nicht vielleicht über Daten verfügst, mit denen Du das Problem lösen kannst.« – »Das stimmt, ich konnte den Ordner »Stromerzeugung durch Wasserkraft« und den Ordner »Dänemark« öffnen und die Informationen zueinander in Beziehung setzen.« – »Was machst Du also beim nächsten Mal, wenn Du eine derartige Frage hast?« – »Also, ich formuliere meine Frage und öffne die Ordner mit allen wichtigen Begriffen der Frage. Und wenn ich die Informationen, die in den einzelnen Ordnern sind, miteinander verbinde, finde ich vielleicht die Antwort.«

Martina hat Tobias dabei geholfen *nachzudenken*. Und sie hat ihm geholfen, die passenden Worte zu finden, mit denen er dies bei anderen Gelegenheiten wiederholen kann.

Verstehen

»Mama, sag, was heißt das genau, Bioethik?« – »Das ist nicht leicht zu erklären. Wo hast Du etwas darüber gehört, Caroline?« – »Unser Biolehrer hat uns neulich gesagt, dass man die menschliche Art schützen müsste und dass das ein Problem der Bioethik sei. Und dann wurde neulich abends im Fernsehen darüber gesprochen und heute sehe ich in der Zeitung einen Artikel darüber. Es heißt, es werde bald ein Gesetz zur Bioethik geben.« – »Und das gibt Dir nicht eine kleine Idee von der Bedeutung dieses Wortes?« – »Doch, schon, ich habe den Eindruck, es handelt sich um eine Art Antirassismus. Zuerst, weil es Ethik heißt und man oft von interethnischen Konflikten spricht, wenn verschiedene Rassen miteinander kämpfen. Und als im Fernsehen von Bioethik die Rede war, sprach man über die Rechte der Person. Also ...« – »Hör mal, Caro, der Zeitungsartikel ist sehr interessant. Weißt Du, was Du machen kannst? Du liest ihn und behältst dabei die Idee, die Du eben geäußert hast, gut im Kopf. Und dann vergleichst Du diese Idee mit dem Inhalt des Artikels und versuchst herauszubekommen, ob beide übereinstimmen. Einverstanden?« Caroline, nach einigen Minuten: »Nein, es stimmt nicht, denn hier ist von Themen die Rede, die nichts mit Rassismus zu tun haben, der Entnahme von Organen für Transplantationen, der Diskussion über den Status des Embryos und von Frauen, die mit sechzig Jahren Mutter werden. Ich glaube, Bioethik ist eher ein Gesetz, das alle Aspekte des menschlichen Körpers betrifft.« – »Gut, beinahe. In der Tat ist ethisch und ethnisch nicht dasselbe. Aber bist Du sicher, dass Bioethik ein Gesetz ist? Schau Dir den Artikel noch mal an.« – »Nein, es kann kein Gesetz sein, denn hier heißt es »ein Gesetz über Bioethik«, und ein Gesetz über ein Gesetz, das kann es nicht geben. Nein, Bioethik muss so etwas wie eine Wissenschaft sein von dem, was gut ist für alle Aspekte des menschlichen Körpers.« – »Bravo, Caro, so ist es. Die Wissenschaft von dem, was gut ist, kann man auch Moral nennen. Und das Präfix ›Bio‹ heißt

Leben. Wie Du weißt, ist Biologie die Wissenschaft vom Leben, eine Biographie ist ein Buch, das die Geschichte eines Lebens erzählt, und die Bioethik ist die Lebensmoral. Wenn man ein Gesetz über Bioethik machen will, muss man versuchen, für die Gesellschaft Regeln zu definieren, die das menschliche Leben betreffen. Und dieses Gesetz wird notwendig, wie Du in dem Artikel gelesen hast, weil der wissenschaftliche Fortschritt viele Fragen aufwirft.«

Martina hat Caroline dabei geholfen, etwas zu *verstehen*. Wir erinnern uns, dass Verstehen heißt, sich ein geistiges Bild zu machen von einem Objekt der Wahrnehmung (hier dem Wort »Bioethik«) mit dem Ziel, es begreifen, ihm einen Sinn geben zu können, und beide wiederholt miteinander zu vergleichen, bis sie übereinstimmen.

Kreative Fantasie

»Mama, sag, was kann man zu einem Geburtstag schenken?« – »Das kommt darauf an, Patrizia. Zu welchem Geburtstag?« – »Für Omi. Ich würde ihr gern ein Geschenk machen. Ich habe 32 Mark gespart, ich kann ihr also etwas kaufen. Aber ich habe einfach keine Idee, obwohl ich alles versucht habe.« – »Ah ja? Und wie?« – »Ich habe ein Blatt Papier genommen und oben ›Geschenk für Omi‹ hingeschrieben. Dann habe ich mich konzentriert und über alle Geschenke nachgedacht, die ich kenne, die, die Papa Dir gemacht hat, oder die, die Omi früher von uns bekommen hat. Aber das gibt mir keine guten Ideen. Gibt es ein Heft mit Geschenklisten?« – »Es gibt

Zeitschriften, aber ich bin nicht sicher, dass Du Omi auf diese Weise eine Freude machen kannst. Komm auf meinen Schoß und erzähl mir lieber, was Du gerne mit Omi machst. Denk an das letzte Mal, als Du bei ihr warst.« – »Was ich am liebsten mit ihr mache, ist Spazierengehen. Und manchmal laufe ich vor und verstecke mich, bis sie kommt. Aber sie kann immer schlechter laufen, vor allem seit sie ihren Spazierstock verloren hat, deswegen gehen wir weniger spazieren.« – »Ein Spazierstock, das ist eine gute Idee. Daran habe ich nicht gedacht.« – »Aber kann man denn einen Spazierstock schenken?« – »Aber natürlich. Ein schönes Geschenk ist etwas, das demjenigen Freude bereitet, der es bekommt, und demjenigen, der es gibt. Wenn Du Omi einen Spazierstock schenkst und ihr sagst, dass sie ihn deswegen bekommt, damit Du mit ihr spazierengehen kannst, wird sie sicherlich sehr gerührt sein und sich sehr darüber freuen.« – »Dann sollte man ihr auch eine Lampe kaufen, denn wir müssen immer im Dunkeln ins Schlafzimmer gehen und das ist gefährlich. Und einen neuen Sonnenhut, weil ihr alter hässlich ist. Und ein Scrabble-Wörterbuch, damit sie mit ihrer Freundin Scrabble spielen kann ...« – »Oh, oh, ich habe den Eindruck, dass ich zu Deinen 32 Mark noch etwas dazulegen muss.«

Martina hat Patrizia dafür sensibilisiert, *Fantasie zu entfalten*, indem sie ihr vorschlug, ihre Vorstellungen in der ersten Person zu formulieren, sie dazu ermunterte, sich Bilder zu machen, in die sie sich persönlich einbringen konnte, und indem sie ihr zeigte, wie sie diese Bilder kreativ verändern kann.

Sich etwas einprägen

»Mama, hör mal, ich bin am Telefon und habe nichts zu schreiben. Könntest Du Dir die Telefonnummer meines Freundes merken? Es ist die 16-43-27-72-25.« – »Warte, Marie, nicht so schnell. Wie viel sagst Du?« Marie wiederholt die Nummer. »O.k. Ich hab's im Kopf.« – »Danke, kannst Du sie mir heute abend wieder sagen? Ich muss ihn zurückrufen.« – »Also Marie, Du könntest Dich vielleicht auch ein bisschen anstrengen. Das ist Dein Freund, nicht meiner.« – »Aber ich kann mir die Zahlen nicht merken.« – »Das ist doch nicht zu fassen. Wer kann sich hier gut Zahlen merken, Du oder ich? Ich schreibe sie Dir auf.« – »Wenn es aufgeschrieben ist, brauche ich es nicht mehr zu wissen.« – »Dummkopf, verstehst Du nicht, dass ich vor allem sehen möchte, wie Du es anstellst, Dir die Nummer zu merken. Und da ich Dich kenne, weiß ich, dass Du die Zahlen lieber geschrieben siehst, statt sie zu hören. Nicht wahr?« – »Doch, das stimmt. Warte, ich schau sie mir an.« – ... – »Ja, ich hab's. Soll ich Dir erklären, wie ich es mache?« – »Ja, gerne.« – »16 ist wie 6 – 1 = 5. Also behalte ich die 5 und gehe nach unten: 4-3-2 und isoliere in meinem Kopf die Gruppe 4-3-2. Dann sage ich mir, dass man mit 16 auch 6 + 1 = 7 machen kann und kopiere es zweimal in meinem Kopf: 7-7. Dann komme ich auf die kleinste Zahl der Reihe 4-3-2 zurück und kopiere sie ebenso zweimal: 2-2. Und dann komme ich auf die 5 von 6 – 1 zurück. Und jetzt muss ich nur noch alles in meinem Kopf lesen: 16...4-3-2...7-7...2-2 und 5.« – »Komisch, Marie. Mir scheint das sehr kompliziert zu sein. Aber das Wesentliche ist, zum richtigen Ergebnis zu gelangen. Was meinst Du, wirst Du Dich heute Abend noch an Deine Nummer erinnern?« – »Ich hoffe schon.« – »Um sicher zu gehen, schau Dir die Nummer noch mal an und sag Dir, dass Du es deswegen machst, weil Du sie heute Abend brauchst.« –  »Ja, warte, wie kann ich das machen? Ich stelle mir vor, es ist heute Abend. Ich kann mich sehen. Ich gehe zum Telefon und sage mir: Ich werde Stefan anrufen, und da sehe ich die Nummer: 16...4-3-2-...7-7 und 5. Das funktioniert. Ich weiß es.«

Martina hat Marie dabei geholfen, *sich etwas einzuprägen*. Sie hat ihr gezeigt, wie sie sich in ihrem Kopf Bilder von dem Objekt der Wahrnehmung machen und wie sie ein Bild in die Zukunft projizieren kann, wenn sie es wieder braucht.

Ihr (kleines) Vademekum

Diesen Dialogen lassen sich wertvolle Hinweise darauf entnehmen, welche Bedingungen man bei der Vermittlung geistiger Strategien beachten muss.

1. Gehen Sie immer von den Fragen und Interessen des Kindes aus!

Martina hat ihre Kinder nicht einzeln zu sich gerufen und ihnen gesagt: »Komm her, damit ich Dir beibringen kann, wie Du über etwas nachdenken, etwas verstehen, Dir etwas vorstellen oder etwas einprägen kannst.« Aber sie hat jede ihr von ihren Kindern gebotene Gelegenheit ergriffen. Wir sollten also nicht zögern, alle uns zur Verfügung stehenden Mittel anzuwenden. Je mehr wir mit unseren Kindern sprechen, desto häufiger und fruchtbarer werden diese Gelegenheiten sein. Aber auch wenn wir das Gefühl haben, dass diese Art von Austausch mit unseren Kindern nur selten stattfindet, so ist es doch nie zu spät, damit anzufangen.

2. Nehmen Sie sich Zeit!

Wenn Martina hätte »Zeit gewinnen« wollen, hätte sie zu Tobias sagen können: »Nein, in Dänemark gibt es keine mit Wasser betriebenen Kraftwerke«, zu Caroline: »Bioethik ist die Lebensmoral«, zu Patrizia: »Mach Omi eine schöne Zeichnung. Das wird ihr Freude machen« und zu Marie: »O.k. Kein Problem, ich weiß Deine Nummer auswendig. Du kannst mich danach fragen, wenn Du sie brauchst.«

Seinem Kind dabei zu helfen, geistige Strategien zu lernen, braucht Zeit. Wir haben bereits gesagt, dass man ihm Zeit lassen muss, damit es sich seine eigenen Vorstellungen bilden kann, und nicht in den Fehler verfallen darf, »zu schnell zu machen«. Vielleicht sagen Sie sich: »Genau hier liegt das Problem. Mein Tageslauf ist ziemlich ausgefüllt, ich habe nicht so viel Zeit wie Martina für das Gespräch mit meinen Kindern.« Zeit ist in der Tat ein seltenes Gut geworden und wir verbringen unsere Zeit damit, ihr hinterherzulaufen. Aber wir sollten nicht nur in Begriffen von Quantität denken. Wir können ganze Tage neben unseren Kindern verbringen, ohne je wirklich mit ihnen zusammen zu sein. Besser ist eine halbe Stunde völliger Verfügbarkeit, in der wir uns nur für sie interessieren, als eine längere Präsenz, bei der wir eigentlich abwesend sind und nur »ein Auge auf sie werfen«, während wir mit ganz anderen Dingen beschäftigt sind. Wenn wir mehrere Kinder haben, müssen wir darauf achten, jedem einzelnen allein zur Verfügung zu stehen. Für Martina ist Marie nicht ein Viertel einer Menge, die »die Kinder« heißt, sondern eine kleine, vollständige Persönlichkeit, deren Bedürfnisse andere sind als die von Caroline, Tobias und Patrizia. Es heißt oft, dass man nicht »mit zweierlei Maß messen« soll. Daraus sollten wir aber nicht den voreiligen Schluss ziehen, dass wir jedem unserer Kinder die gleiche Zeit widmen müssen. Auf diesem Gebiet lässt sich nichts verrechnen. Manche Kinder bedürfen mehr als andere einer kontinuierlichen Anleitung im Alltag. Andere wiederum brauchen einen weniger häufigen, dafür aber intensiveren Austausch, vor allem dann, wenn sie vor einem Problem stehen. Natürlich ändern sich die Bedürfnisse des Kindes mit zunehmendem Alter. Und wenn unser Terminkalender uns wirklich dafür keine Zeit lässt, sollten wir uns vielleicht fragen, wie wichtig denn diese Aktivitäten sind, die unsere ganze Zeit und Energie in Anspruch nehmen. Haben wir uns bewusst dafür entschieden, ihnen den Vorrang vor der Erziehung unserer Kinder zu geben? Oder haben wir uns einfach in Beschlag nehmen lassen, ohne uns dessen bewusst zu werden? Oder haben wir uns vielleicht unbewusst von anderen Aufgaben so absorbieren lassen, weil wir nicht wissen, wie wir mit unseren Kindern umgehen sollen, und uns über dieses Unvermögen ärgern?

3. Geben Sie ihnen die geeigneten Mittel an die Hand!

Martina hat nie Aussprüche getan, mit denen man viel Schaden anrichten kann, ohne es zu merken: »Denk doch mal nach! Das ist doch nicht schwer zu verstehen! Zerbrich Dir ein wenig den Kopf, Dir wird schon eine Idee kommen!« Im Gegenteil, in jedem Fall hat sie dem Kind den Weg gezeigt, den es einschlagen kann, und es auf diesem Weg begleitet, auf ihre Weise, ohne pädagogische Begriffe zu gebrauchen.

4. Vermitteln Sie Ihrem Kind, dass Sie Vertrauen in seine Fähigkeiten haben!

Kinder brauchen Ermutigung und vor allem brauchen sie unser Vertrauen in ihre Fähigkeiten. Martina versäumt keine Gelegenheit, ihre Kinder zu bestärken. Ohne Hintergedanken gebraucht sie dabei solche Worte, die einem spontan einfallen, wenn man ein für alle Mal beschlossen hat, sich nicht nur für die Defizite seines Kindes, sondern genauso sehr für seine Ressourcen zu interessieren. Aber nicht nur kleinere Kinder sind darauf angewiesen, dass wir Interesse an ihnen zeigen. Denn auch wenn ihre Haltung manchmal das Gegenteil auszudrücken scheint, haben größere Kinder und Jugendliche das gleiche Bedürfnis, von uns beachtet zu werden, Anregungen zu bekommen. Auch sie möchten, dass wir uns mit ihnen über ihre Erfolge freuen, dass wir ihnen dabei helfen, ihre Probleme zu formulieren und zu lösen, und sie möchten sogar, dass wir ihnen Grenzen setzen.

5. Helfen Sie Ihrem Kind bei der Formulierung seiner Zielvorstellungen!

Martinas Kinder haben, wenn sie zu ihr kommen, klar definierte Anliegen. Sie wollen wissen, ob in Dänemark Wasserkraft zur Erzeugung von Strom eingesetzt wird, die Bedeutung des Begriffs Bioethik kennenlernen, Omi ein schönes Geschenk machen, den Freund anrufen. Auch wenn ihre Ziele klar sind, haben sie doch nicht die daran geknüpften Zielvorstellungen formuliert. Unsere Kinder wissen zwar oft, worauf sie hinauswollen, aber sie wissen nicht, wie sie das Problem angehen sollen. Es ist unsere Aufgabe, ihnen dabei zu helfen, ihre Zielvorstellungen zu präzisieren.

6. Passen Sie sich dem Geschmack und dem Temperament Ihres Kindes an!

Auch wenn die geistigen Strategien für alle die gleichen sind, müssen wir sie unserem Kind auf eine Weise präsentieren, die seinem Alter, seinem Temperament und der Situation angemessen ist. Martina benutzt Bilder aus der Informatik (Festplatte, Ordner), mit denen sie Tobias das Nachdenken veranschaulichen kann. Um Patrizia dafür zu sensibilisieren, kreative Fantasie zu entfalten, wählt sie einen affektiven Zugang. Sie lockt Marie aus der Reserve und gibt ihr den Anstoß, sich selbst die Mühe zu machen, sich etwas einzuprägen.

7. Helfen Sie Ihrem Kind dabei, selbständig zu werden!

Wenn wir unser Kind dazu bringen, von selbst auf eine geeignete geistige Strategie zu kommen, statt

173

ihm eine fertige Antwort zu geben, ist das natürlich ein großer Schritt in Richtung Selbständigkeit. Damit kann es selbst, wenn auch mit unserer Hilfe, die Lösung für sein Problem finden. In manchen Fällen reicht das aus, damit ein Kind in einer ähnlichen Situation die gelernte Strategie anwendet. In anderen Fällen können wir diesen Vorgang noch verstärken, indem wir die einzelnen Schritte der Strategie ausführlich beschreiben und auch dadurch, dass wir das Kind in seiner Absicht unterstützen, die gelernte Strategie anzuwenden, wenn die Situation es erfordert. Genau das schlägt Martina ihrem Sohn vor: »Siehst Du, Tobias, Du kommst sehr gut ohne mich zurecht. Wenn Du Dich mit Deinem Computer beschäftigst, ist das genauso. Du hast jede Menge Informationen, die auf Deiner Festplatte gespeichert sind. Und wenn Du eine Frage hast, schaust Du dort nach, ob Du nicht vielleicht über Daten verfügst, mit denen Du das Problem lösen kannst.« Und: »Was machst Du also beim nächsten Mal, wenn Du eine derartige Frage hast?«

Wie weit können wir gehen?

Könnte Martina noch weiter gehen? Durchaus, wenn sie dabei Vorsicht walten lässt. Mit jedem Kind könnte sie bei der Beschreibung der von ihm angewandten geistigen Strategie noch weiter gehen, das heißt, mit ihm zusammen herauszufinden suchen, welche Art von Vorstellungen es dabei produziert. Zum Beispiel: Als Caroline den Artikel über Bioethik liest, begegnet ihr der Ausdruck »Diskussion über den Status des Embryos«. Ausgehend von der visuellen Wahrnehmung dieser gedruckten Wörter, kann Caroline sich unendlich viele Bilder machen. Sie kann in ihrem Kopf die Wörter »Diskussion über den Status des Embryos« hören oder sich diese in ihrem Kopf vorsagen oder sie verändern zu »Suche nach einem Status des Embryos« oder zu »Diskussion über das Leben«, oder sie kann sich eine visuelle Vorstellung machen von Forscherinnen im weißen Kittel oder von den Abgeordneten der Nationalversammlung oder von einer Geburt oder einer Demonstration von Frauen, oder sie kann sich vorstellen, wie sie selbst ein Kind erwartet, sie kann sich schwanger sehen, die Mitteilung des Arztes hören etc.

Mit Hilfe ihrer Mutter könnte Caroline sich ihrer spontanen Vorstellungen bewusst werden, sie könnte diejenigen zu erkennen suchen, die ihren Absichten am meisten nützen, diejenigen, die sie davon wegbringen, und diejenigen, die sie erst verändern muss, bevor sie sie benutzen kann. All dies könnte ihr in der Folge von Nutzen sein. Hier begeben wir uns allerdings in ein etwas komplizierteres Gebiet, wobei man sich vor voreiligen Schlussfolgerungen und definitiven Klassifizierungen hüten sollte, wie: Peter ist visuell, Paul auditiv und Jakob verbal veranlagt, Andrea hält sich nur in den Bereichen B1 und B2 auf, und Nathalie verbringt ihr Leben in B4. Auch wenn wir uns wiederholen, möchten wir nochmals betonen, dass wir unsere Kinder nicht mit einem Etikett versehen und in Schubladen stecken sollten, wenn wir ihnen die ganze Bandbreite ihrer Möglichkeiten erschließen wollen.

7. »In diesem Fach ist er eine Niete!« – Entdecken Sie mit Ihrem Kind seine Erfolgsstrategien

Warum bringt ein Kind, das insgesamt ganz passable Ergebnisse erzielt, in Mathematik oder Deutsch katastrophale Noten nach Hause? Ist das nur eine Frage seiner persönlichen Vorlieben und Abneigungen (es mag dieses Fach nicht, also arbeitet es dafür auch nicht viel) oder seiner Fähigkeiten (es arbeitet genauso viel wie für die anderen Fächer, aber es ist dafür nicht begabt)?

Lassen wir die Schule erst einmal außer Acht, schließlich haben wir alle unsere Schwächen, und fragen wir zuerst nach den Schwierigkeiten, denen wir im Berufsleben begegnen.

Philipp arbeitet seit siebenundzwanzig Jahren als Vertreter eines Musikverlags und fühlt sich inzwischen überfordert. Die Entwicklung der Produkte, die er verkaufen soll, stimmt ihn ratlos: »Als ich anfing, war der Katalog lange nicht so umfangreich wie heute. Man hatte mehr Zeit, mit den Kunden zu reden. Das waren vor allem Plattenhändler, während wir jetzt mehr an Kaufhäuser und Supermärkte verkaufen. Vor allem mochte ich damals alles, was ich verkaufte: klassische Musik, Jazz und französische Chansons. Jetzt verkaufen wir auch viel internationale Popmusik, womit ich meine Schwierigkeiten habe. Ich habe kein Gefühl für diese Musik, daher finde ich auch nicht die richtigen Verkaufsargumente und erziele schlechte Umsätze. Seit einigen Monaten haben wir auch einige CD-Rom in unserem Katalog, aber die erwähne ich meinen Kunden gegenüber erst gar nicht. Meine Sache ist es, Musik zu verkaufen, nicht Spiele. Einige meiner jüngeren Kollegen dagegen begeistern sich für CD-Rom und machen bereits gute Umsätze. Anscheinend ist das die Zukunft ...«

Philipp hat trotzdem nicht resigniert. Nachdem er sich intensiv mit den geistigen Strategien beschäftigt hat, die er bei der Vorbereitung seiner Kundenbesuche anwendet, sieht er die Situation ganz anders: »Ich hatte geglaubt, dass ich bei jedem Produkt gleich vorgehe, aber das stimmte nicht. In Wirklichkeit lese ich die mir mitgelieferten Produktbeschreibungen ganz anders, je nachdem mit welchem Produkt ich es zu tun habe. Wenn es sich um klassische Musik, um Jazz oder französische Chansons handelt, sehe ich immer einen bestimmten Kunden vor mir und daneben mich, wie ich ihm die Sache präsentiere. Und das ist keineswegs ein einfacher Kunde, im Gegenteil. Er hat eine außergewöhnliche musikalische Bildung und ist sehr anspruchsvoll. Ihm kann ich nichts vormachen. Ich sehe ihn, als stünde er vor mir, und stelle mir alle seine Einwände vor und die Antworten, die ich darauf parat habe. Ich lese meine Produktbeschreibungen mehrere Male, um mir alle Argumente gut einzuprägen. Es ist sogar schon vorgekommen, dass ich die Geschäftsleitung angerufen habe, um Angaben zu bekommen, die mir für meine Argumentation noch fehlten. Das Verkaufsgespräch ergibt sich dann ganz von selbst, ohne dass ich den Eindruck habe, mich besonders anstrengen zu müssen.« In diesem Fall wählt Philipp spontan eine geistige Strategie, mit der er Erfolg hat. Er macht sich Vorstellungen in der ersten Person, visuelle und auditive Bilder, und vergleicht diese so oft wie nötig mit seiner Produktbeschreibung, damit seine Argumentation stimmt. »Wenn es sich um Popmusik handelt, lese ich die Beschreibung, nehme meinen Textmarker und streiche die Schlüsselbegriffe an. Dann versuche ich, die wichtigsten Verkaufsargumente auswendig zu lernen, aber das fällt mir schwer, denn immer häufiger stolpere ich über eigenartige Begriffe. Wenn ich lese ›psychedelisch‹, sehe ich meinen Kunden nicht vor mir, kann ich mir nichts darunter vorstellen. Ich lerne es auswendig, das ist alles. Bei den CD-Rom lese ich die Beschreibung einmal. Aber ich resigniere schon, bevor ich bis zum Ende gekommen bin. Ich verstehe nichts davon und behalte auch nichts.« In diesem Fall versucht Philipp zwar, sich etwas einzuprägen, aber er macht sich kein geistiges Bild des Verkaufsgesprächs und formuliert in der dritten Person. Bei den CD-Rom schließlich nimmt er sein Scheitern vorweg, sobald er zur Produktbeschreibung greift. Er wendet keinerlei geistige Strategie an und behält natürlich auch nichts. In allen Fällen hat Philipp die gleiche Aufgabe, nämlich seinem Kunden das Produkt klar und überzeugend zu präsentieren. Dennoch ist es ihm nie in den Sinn gekommen, die geistigen Strategien, die er spontan und mit Erfolg bei klassischer Musik, Jazz oder dem französischen Chanson anwendet, auch auf die anderen Produkte seiner Palette anzuwenden, eben weil er diese zuvor nie analysiert hatte. Ihm war deshalb auch nicht bewusst, dass er bei den anderen Produktgruppen anders vorging.

178

Dieses Verhalten ist nicht ungewöhnlich. Denken Sie an Michael, den glänzenden Informatiker, der in der Lage ist, sich in Rekordzeit innovative Verfahren auszudenken, aber völlig fantasielos, wenn er mit seiner Frau Martina eine Wohnung besichtigt. Man könnte meinen, wir hätten in unserem Kopf für jede unserer Aktivitäten eine andere Schublade. Da diese Schubladen fest verschlossen sind, kann die Information zwischen ihnen nicht zirkulieren, mit der Konsequenz, dass wir nicht wissen, dass die geistigen Strategien, die wir bei einer Sache mit Erfolg anwenden, sich bei einer anderen als genauso effizient erweisen könnten. Und unseren Kindern geht es nicht anders.

Erfolgreiche Strategien auf andere Bereiche anwenden

Von Barbara (zehn Jahre) wird behauptet, dass sie nicht länger als fünf Minuten aufmerksam sein kann, aber wenn sie Schach spielt, kann sie sich stundenlang konzentrieren. Über Moritz (elf Jahre) wird gesagt, er habe ein schlechtes Gedächtnis, was ihn aber nicht daran zu hindern scheint, sich mühelos die Namen aller Spieler der nationalen Basketballmannschaft zu merken. Von Thomas (13 Jahre) wird behauptet, er sei nicht sehr intelligent, aber neulich hatten Sie Mühe, seinen Erklärungen zu folgen, als er Ihnen zu erklären versuchte, wie der Kühlschrank funktioniert. Und über Robert (18 Jahre) wird gesagt, er habe keinerlei Fantasie, aber wenn er Gitarre spielt, erfindet er ständig neue Melodien.

An diesen Beispielen können wir sehen, wie sehr wir unserem Kind helfen können, wenn wir ihm bewusst machen, welche geistigen Strategien es in bestimmten Bereichen mit Erfolg anwendet, und ihm damit ermöglichen, diese auch auf andere Gebiete zu übertragen. Als erstes müssen wir ihm zeigen, dass es diese Bereiche gibt, in denen es Erfolg hat. Das wird leicht vergessen, wenn man nur auf das achtet, was ihm nicht gelingt. Dann müssen wir ihm dabei helfen, diese erfolgreichen Strategien auf die Bereiche zu übertragen, in denen es bisher zum Scheitern verurteilt schien. Wir wollen jeden dieser beiden Schritte anhand eines Beispiels veranschaulichen:

»In Deutsch bin ich eine Niete«, stellt Oliver ganz sachlich fest. Für ihn ist das einfach eine Tatsache, so wie es im Winter kalt ist. Oliver ist 16 Jahre alt und macht am Ende das Jahres sein Deutschabitur. Abgesehen von dieser Schwäche ist er eher zuversichtlich und überzeugt, dass er in den anderen Fächern leicht die ihm fehlenden Punkte aufholen kann. Er analysiert die Situation ganz nüchtern und wundert sich nicht, dass er schlecht in Deutsch ist, denn er liest praktisch keine Romane, Gedichte noch weniger und kennt kaum die Autoren, die auf dem Programm stehen. Und schreiben könne er auch nicht. Sein Lehrer sage immer, er habe zwar mitunter gute Ideen, aber seine Aufsätze seien schlecht aufgebaut und es fehle ihnen die plausible Argumentation.

Wir wollen aber doch etwas näher hinsehen und stellen Oliver einige Fragen: »Liest Du wirklich nichts?« – »Nein, nicht viel. Neben der Pflichtlektüre lese ich höchstens zwei Bücher im Jahr. Und das, was wir lesen sollen, interessiert mich so wenig, dass ich damit gewaltig im Verzug bin.« – »Liest Du die Zeitung oder Zeitschriften?« – »Die Zeitung sehr wenig, Zeitschriften, ja. Früher hatte ich *Geo* abonniert und jetzt die Zeitschrift *Bild der Wissenschaft*. – »Verstehst Du alles, was Du in *Bild der Wissenschaft* liest?« – »Ja, alles. Ich brauche zwar Zeit, aber am Ende verstehe ich es immer.« – »Und schreiben tust Du nicht?« – »Doch, sogar oft. Sobald ich in den Ferien bin, packt mich die Schreibwut. Ich kann in einer Woche zwanzig Briefe schreiben, auch wenn ich selten eine Antwort bekomme, das ist mir egal. Ich höre immer, dass man sich über meine Briefe freut und sie gerne liest.« – »Was ist beim Briefeschreiben anders als im Deutschunterricht?« – »Wenn ich einem Freund schreibe, dann versuche ich nicht, meine Gedanken zu strukturieren, ich schreibe einfach drauflos.« – »Es macht Dir also Mühe, Deine Ideen zu strukturieren?« – »Ja, es gelingt mir nicht, überhaupt nicht.« – »Kennst Du kein Beispiel, wo es Dir gelungen ist, etwas zu schreiben und dabei Deine Gedanken zu strukturieren?« – »Nein, ich weiß nicht mal, wie man das macht. Doch, es gibt ein Beispiel, aber das ist etwas ganz anderes.« – »Wirklich?« – »Das hat mit Deutsch nichts zu tun. In Deutsch bin ich eine Niete.« – »Das macht nichts. Erzähl trotzdem.« – »Letztes Jahr, als wir die Besteigung des Montblanc organisierten, haben wir zehn Monate vorher damit angefangen, alles vorzubereiten, uns um die Unterkunft gekümmert, Führer besorgt und Material gesammelt. Und dann haben wir Sponsoren gesucht und auch gefunden, das Bürgermeisteramt und mehrere regionale Unternehmen. Für unseren Finanzierungsantrag haben wir ein tolles Dossier von dreißig Seiten zusammengestellt, in dem wir unser Projekt vorstellten. Ich habe den gesamten Antrag ausgearbeitet.« – »Und die Gedanken waren strukturiert?« – »Anscheinend, schließlich haben wir Sponsoren gefunden. Aber das ist etwas anderes.«

Natürlich ist unsere Arbeit damit nicht beendet. Wir müssten mit Oliver herauszufinden suchen, welche geistigen Strategien er anwendet, wenn er *Bild der Wissenschaft* liest, wenn er seinen Freunden schreibt oder ein Dossier zusammenstellt, und ihm dann zeigen, wie er diese erfolgreichen Strategien auch im Fach Deutsch anwenden kann. Wie Oliver fällt es uns schwer zu verstehen, warum wir die Schublade »Zeitschriftenlektüre«, »Freundschaften« oder »Ferienaktivitäten« öffnen sollten, wo wir doch ein Problem in der Schublade »Deutschabitur« haben. Wir sind innerlich blockiert.

Schulisches Versagen hängt zu einem großen Teil damit zusammen, dass man sich damit arrangiert oder sich vergeblich darauf versteift, sich durch Hartnäckigkeit und Fleiß aus der Affäre ziehen zu können.

Andere Schubladen öffnen

Wir wollen uns nun an einem anderen Beispiel ansehen, wie man eine erfolgreiche geistige Strategie aus einer »Schublade« in eine andere übertragen kann. Der vierzehnjährige Benedikt schließt im nächsten Monat die Schule ab. Seine Mutter macht sich keine Sorgen: »Ich bin zuversichtlich, dass Benedikt seinen Abschluss bekommt und einen guten Beruf erlernen wird. Er wird immer irgendwie zurechtkommen, auch wenn er nicht zu den Klassenbesten gehört, aber er hat so viel Charme und kann sich mündlich so gut ausdrücken. Schriftlich fällt es ihm schwerer. Nicht, dass es ihm an Ideen fehlte. Wenn er nur die Aufgabe zu Ende lesen und zwei Minuten nachdenken würde, bevor er loslegt, könnte er es besser machen. Ich habe eine Frage noch nicht zu Ende gestellt und schon hat er eine Antwort parat. Und bei jedem zweiten Mal liegt sie daneben.« Wirklich schade. Benedikt hat die Gewohnheit, sich sehr schnell ein allgemeines Bild des Themas zu machen, um dann gleich loszulegen, aber seine Ergebnisse entsprechen selten seinen Erwartungen.

Wie können wir ihm helfen? Indem wir ihm bewusst machen, wie sehr er sich mit dieser überstürzten Vorgehensweise schadet. Wir können auf konkrete Fälle in der Vergangenheit zu sprechen kommen, die ein Minimum an Aufmerksamkeit erfordert hätten. So musste er folgendes Thema behandeln: »Die Bevölkerung Frankreichs. Geografische Verteilung, demographische Strukturen, wichtigste innere und äußere Migrationsbewegungen. Verfassen Sie eine Einleitung und eine Schlussfolgerung.« Wie gewohnt hat Benedikt das Thema »überflogen«. Die »geografische Verteilung« fand als erstes seine Aufmerksamkeit, denn er wusste sofort, worüber er schreiben würde, nämlich die stark bevölkerten Regionen (die Großstädte und Ballungsgebiete) und die schwach bevölkerten Regionen (bergige und waldreiche Gebiete und solche, die in großem Maßstab landwirtschaftlich genutzt werden). Die »de-

mographischen Strukturen« ließ er einfach außer Acht,
denn in den wenigen Sekunden, die er auf die Lektüre
des Themas verwandte, stellte sich spontan kein Bild
ein, er konnte mit dem Begriff nichts verbinden. Von
dem Begriff »Migrationsbewegungen« machte er sich
vor seinem geistigen Auge ein »Foto«, übersetzte ihn
sofort mit »Immigration«, Einwanderung, und wusste
gleich, worüber er schreiben würde (die Tradition
Frankreichs als Gastland, die verschiedenen Einwande-
rerströme aus Südeuropa, Nordafrika, Südostasien und
Osteuropa und den Rückgang der Einwanderung in-
folge der Wirtschaftskrise). Benedikt fing sofort an zu
schreiben. Ergebnis: 7 Punkte (von 20) und folgender
Kommentar: »Gute Kenntnisse der Materie. Interes-
sante und gut ausgearbeitete Ideen. Sie sollten sich
bemühen, Ihren Stil zu verbessern. Aber warum haben
Sie das Thema nur zur Hälfte behandelt?« Und in der
Tat wurde Punkt 2 (demographische Strukturen, das
heißt: Entwicklung der Geburts- und Sterberaten, allgemeine Lebenserwartung, altersmäßige Zusammen-
setzung der Bevölkerung, Anteil an Erwerbstätigen und
nicht Erwerbstätigen) gar nicht und Punkt 3 nur zur
Hälfte behandelt (ohne die inneren Migrationsbewegungen, vor allem die Landflucht und die Abwande-
rung aus Krisenregionen). Da Benedikt sich jetzt des
Problems bewusst ist, fragen wir ihn, ob er immer
gleich loslegt oder ob es vorkommt, dass er die Dinge
etwas bedächtiger angeht, und was er in seiner Freizeit
am liebsten macht. Benedikt erzählte uns von einem
seiner Hobbies, dem Bau von Spielzeugmodellen. Gemeinsam analysieren wir seine Handgriffe und geistigen Tätigkeiten, wenn er ein neues Modell zusammen-

baut. Zuerst legt er alle Teile vor sich hin und schaut sie sich aufmerksam an, um zu verstehen, wie sie konstruiert sind. Dann stellt er sie für die Montage mit Hilfe des Bauplans in Blöcken zusammen, ohne dessen Text zu lesen. Danach sieht er sich im Geiste bei seinen Vorbereitungen der Montage (wie seine Hand zum Schraubenzieher greift, die Tube mit Klebstoff öffnet etc.). Und erst dann gibt er sich verbale Anweisungen für die einzelnen Montageschritte (»Zuerst montiere ich das Fahrgestell, dann den Motorblock etc.«). Jetzt ist er in der Lage, mit seiner Arbeit zu beginnen.

Wenn Benedikt sich diese Vorgehensweise einmal bewusst gemacht hat, können wir ihm dabei helfen, seine geistige Strategie aus der Schublade »Spielzeugmodelle« in die Schublade »Geografie für die Prüfung« zu übertragen. Zu diesem Zweck nehmen wir eine andere Aufgabe: »Der Dienstleistungssektor in Frankreich. Definieren Sie den Begriff ›Dienstleistung‹. Beschreiben Sie ihre Bedeutung für die französische Wirtschaft. Zeigen Sie an einigen Beispielen die verschiedenen Aktivitäten dieses Sektors. Diese Aktivitäten erfahren weitreichende Veränderungen. Nennen Sie ein Beispiel. Sie führen zu Veränderungen in der Landschaft und der Raumordnung. Erläutern Sie dies anhand eines Beispiels für jeden dieser beiden Bereiche.« Benedikt versucht, im Geiste jeden seiner Schritte nachzuvollziehen:

1. Schritt: Jedes Teil aufmerksam anschauen. Hier versucht Benedikt, jeden Block von Wörtern zu verstehen, also »Definieren Sie den Begriff«, »Dienstlcistungssektor«, »weitreichende Veränderungen« etc.

Er liest die Wörter, versucht, sich ein Bild von ihnen zu machen, und vergleicht dieses Bild wiederum mit den Wörtern, indem er sie so lange wieder liest, bis sein Bild mit der Aufgabenstellung übereinzustimmen scheint. Auf diese Weise ist er gezwungen, wiederholt den Text mit der Vorstellung, die er sich von ihm gemacht hat, zu vergleichen, um schließlich den Unterschied zwischen »Veränderungen in der Landschaft« und »Veränderungen in der Raumordnung« zu verstehen. Bei der ersten Vorstellung sind die beiden Bilder identisch, aber da »ein Beispiel für jeden dieser beiden Bereiche« verlangt wird, folgert er daraus, dass er einen Unterschied finden muss. Er macht sich visuelle Bilder von der Natur (Meer, Berge etc.), die dem Begriff »Landschaft« entsprechen, und (ebenfalls visuelle) Bilder von Bürogebäuden, Banken, Einkaufszentren, die dem Begriff »Raumordnung« entsprechen.

2. Schritt: In einzelnen Blöcken zusammenfassen. Auch wenn die Formulierung der Aufgabenstellung drei Teile suggerieren mag, lässt sie sich in sechs Abschnitte untergliedern:
– Definition des Begriffs
– Bedeutung in der französischen Wirtschaft
– Beispiele für die verschiedenen Aktivitäten
– Beispiel für den Wandel einer Dienstleistung
– Beispiel für eine Veränderung der Landschaft
– Beispiel für eine Veränderung der Raumordnung.

Diese Vorgehensweise, die Benedikt vom Bau seiner Spielzeugmodelle her kennt, erlaubt ihm, das Thema vollständig zu behandeln, statt die Hälfte der Aufgabe einfach unter den Tisch fallen zu lassen.

3. Schritt: Sich vorstellen, wie man jeden dieser Blöcke zusammenstellt. Benedikt versucht, im Kopf jeden Abschnitt seiner Aufgabe zu »montieren«. Hier stellt er jedoch einen Unterschied fest. Wenn er die Montage eines Spielzeugmodells vorbereitet, macht er sich visuelle Vorstellungen: Er *sieht* sich, wie er die erforderlichen Handgriffe ausführt. Hier aber *sagt* er sich die Gedanken, die er zu jedem Abschnitt hat, die Zahlen, die er nennen will, und wählt Beispiele für Dienstleistungen, indem er diese verbalisiert. Von den sechs Abschnitten hat er jetzt eine genaue Vorstellung. Er weiß, dass er sie nur noch zusammenhängend darstellen muss. Jetzt ist er in der Lage, die eigentliche schriftliche Ausarbeitung seiner Aufgabe in Angriff zu nehmen.

Eine geistige Strategie, die in einem Bereich Erfolg verspricht, muss manchmal einige Veränderungen erfahren, wenn man sie auf einen anderen Bereich übertragen will. Genau das ist hier der Fall. Benedikt ersetzt spontan bestimmte visuelle Bilder durch verbale Vorstellungen. Es kommt vor, dass ein Kind diese Übertragung einer geistigen Strategie ganz von allein bewerkstelligt. In diesem Fall genügt es, wenn wir ihm dabei helfen, die erfolgversprechende Strategie zu identifizieren und zu analysieren. Das Kind ist dann in der Lage, diese Informationen in seinem Kopf zirkulieren zu lassen. In manchen Fällen sind die Ergebnisse spektakulär. Wenn wir mit unserem Kind von Fall zu Fall darüber sprechen, was bei seiner Lieblingsbeschäftigung in ihm vorgeht, ermöglichen wir ihm, seine Fähigkeiten auf vielen Gebieten zu entwickeln, nicht nur im schulischen Bereich. Das ist kein Hexenwerk, sondern das Resultat eines richtig geführten Gesprächs, in dem das Kind sich etwas bewusst machen und seine Blockierung durchbrechen kann.

Wir sollten daher keine endgültigen Urteile fällen, was die geistigen Fähigkeiten unserer Kinder (und anderer Menschen im Allgemeinen) betrifft. Bevor wir sagen, ein Kind sei dumm oder zerstreut oder in seinen Fähigkeiten beschränkt, sollten wir uns besser fragen, ob wir versucht haben, mit ihm gemeinsam zu erkunden, was in seinen erfolgversprechenden »Schubladen« steckt. Und bevor wir behaupten, es habe keinerlei Begabung für Mathematik, Sport, Musik oder Deutsch, sollten wir es dazu ermuntern, auf diejenigen geistigen Strategien zurückzugreifen, die es mit Erfolg anwendet.

Niemand ist dumm!

Der 17-jährige Clemens ist ein leidenschaftlicher Tennisspieler. Sein größter Fan ist sein Vater. »Ich habe während der Schulzeit alles Mögliche über Clemens gehört: dass er faul sei, ein sehr schlechtes Gedächtnis habe, sich nicht organisieren könne und obendrein, dass er nicht sehr intelligent sei. Kurz, dass er keinerlei Chancen auf Erfolg habe. Die mir das gesagt haben, sollten ihn einmal auf dem Tennisplatz sehen! Clemens gewinnt alle regionalen Turniere und gilt als einer der hoffnungsvollsten Spieler auf nationaler Ebene. Faul soll er sein? Sie sollten ihn mal sehen, wenn er vom Training kommt. Er verausgabt sich immer völlig, obwohl er täglich mehrere Stunden trainiert. Vielleicht hat er ja ein schlechtes Gedächtnis, aber wenn er sich die Teilnehmerliste für ein Turnier ansieht, kann er mir sofort die Stärken und Schwächen der einzelnen Teilnehmer sagen und gegen wen sie bereits verloren haben. Und Sie müssten mal sehen, wie er sein Tagesprogramm organisiert, alles auf die Minute genau plant. Er kümmert sich um alles ganz allein, auch um seinen Diätplan. Und um seine Intelligenz kann es auch nicht so schlecht bestellt sein, denn er ist vor einem Turnier durchaus in der Lage, seine Strategie für eine Partie zu erläutern und in seiner Vorstellung verschiedene Szenarien zu entwerfen, was die Strategie des Gegners und die Entwicklung des Spiels betrifft. Er versteht es, mit seinen Kräften hauszuhalten, auf dem Platz führt er einen regelrechten Abnutzungskrieg, im Allgemeinen geben die anderen auf. Mein Clemens soll nicht intelligent sein? Vielleicht hat er nicht die Intelligenz, die in der Schule verlangt wird.«

Clemens benutzt also sehr wohl seine Intelligenz, um eine Tennispartie zu gewinnen, und diese steht ihm auch für andere Aufgaben zur Verfügung, sobald er sich seiner Denkgewohnheiten bewusst wird und weiß, dass sie sich auf andere Bereiche übertragen lassen.

8. »Später möchte er ... werden« – Dosieren Sie Ziel, Mittel und Zuwendung

Der 18-jährige Sebastian macht im nächsten Monat seine Reifeprüfung. Sein Vater meint: »Im Prinzip müsste er es schaffen. Er hat zwar einige Schwächen, zum Beispiel in Englisch. Aber in den meisten Fächern kommt er gut zurecht. Ich habe ihm immer die Verantwortung überlassen und urteile nach dem Ergebnis. Wie er es anstellt, ist sein Problem, das interessiert mich nicht. Wenn er Erfolg hat, ohne dafür zu arbeiten, kann ich ihm nur gratulieren. Und wenn er in einem Fach arbeitet und trotzdem schlechte Noten hat, dann heißt das, dass er eben schlecht gearbeitet hat. Im Leben ist es einfach so, dass man sich Ziele setzen und diese im Auge behalten muss. Das ist eine Frage des Willens. Sebastian ist jemand, der Erfolg haben wird.«

Sie sagen, er wird Erfolg haben ...

Die Botschaft ist klar: Worauf es ankommt, ist das Ziel, das man sich gesteckt hat. Wenn Sebastian sich dieses Prinzip wirklich zu eigen macht, wenn er in der Lage ist, sich selbst Ziele zu setzen (die nicht unbedingt mit denen seines Vaters übereinstimmen müssen) und alles dafür zu tun, diese auch zu erreichen, verfügt er über sicherlich nicht nur für sein Studium wesentliche Voraussetzungen. Wenn Sebastian weiß, was er will, entschieden darauf hinarbeitet und dafür seine ganze Energie mobilisiert, besitzt er unbestreitbare Qualitäten, von denen er sein Leben lang profitieren wird. Und dadurch, dass er ihn in diesem Sinne erzieht, erweist sein Vater ihm einen großen Dienst, um so mehr, als er ihm die Gewissheit vermittelt, er werde Erfolg haben. Wenn Sebastian sich diese Gewissheit zu eigen macht, fällt es ihm leichter, sich positive, erfolgsorientierte Perspektiven zu geben. Aber stellen wir uns vor, dass seine Ergebnisse sich im Laufe seines ersten Studienjahres verschlechtern. Er strengt sich an, arbeitet Tag und Nacht, aber vergeblich, seine Noten werden nicht besser, obwohl er weiß, was er will, nämlich in seinem Studium vorankommen. Es fehlt ihm weder an Willenskraft, noch lässt er in seinen Anstrengungen nach. Sebastian läuft Gefahr, völlig den Mut zu verlieren und alles fallen zu lassen. Sein Vater kann ihm wahrscheinlich nicht helfen, denn in ihren Gesprächen war nie die Rede von den Mitteln, mit denen man die Ziele, die man sich gesteckt hat, auch erreichen kann. Vielleicht kann Sebastian seine Zeit nicht richtig einteilen, vielleicht hat er nicht richtig verstanden, was in den Prüfungen von ihm erwartet wurde. Vielleicht lernt er seinen Stoff auswendig, während es besser wäre, ihn zu verstehen, um ihn anwenden zu können, oder umgekehrt. Aber darüber kann er mit seinem Vater nicht sprechen, denn das Prinzip »Wenn man will, kann man auch« schließt jede Diskussion über dieses Thema von vornherein aus. Wenn Sebastian dieses Prinzip verinnerlicht hat, wird es ihm sehr schwerfallen, den »inneren Dialog« zu führen, der es ihm ermöglichen könnte, seine Arbeitsmethoden in Frage zu stellen. Weder kann er sich andere Ziele setzen noch sich geistiger Strategien bedienen, die mehr Erfolg versprechen. Und zweifellos wird er sich selbst die Schuld an seinem Versagen geben.

»Es wird ihr nicht gelingen.«

Die 15-jährige Stephanie hat eine sehr genaue Vorstellung von ihrem zukünftigen Beruf. Aber ihre Mutter ist skeptisch, was diese Zukunftsvorstellungen betrifft: »Stephanie möchte Dolmetscherin werden. Sie sieht sich auf internationalen Kongressen, wie sie Politiker auf ihren Reisen ins Ausland begleitet oder wichtige Persönlichkeiten aus allen möglichen Ländern empfängt. Aber vorerst sind das Träume. Sie ist zwar sprachbegabt, in Englisch und Französisch ist sie immer die Erste, und sie spricht bereits perfekt Italienisch. Aber alles andere? Um Dolmetscherin zu werden, müsste sie zunächst einmal einen guten Abschluss machen, und ihre Prüfungen erstrecken sich auch auf andere Fächer, nicht nur auf Sprachen. In den anderen Fächern ist sie aber eine Niete. Sie sollte lieber die Nase in ihre Bücher stecken, statt vor sich hin zu träumen. Dann kann man weitersehen.« Stephanies Mutter hat durchaus recht, wenn sie meint, dass Sprachkenntnisse allein nicht ausreichen, um Dolmetscherin zu werden. Aber sie wird ihre Tochter nicht dazu bewegen, mehr zu arbeiten, indem sie ihr ihre Zukunftsträume verbietet und sie daran hindert, sich Vorstellungen zu machen über ihren zukünftigen Beruf und ihr zukünftiges Leben. Besser wäre es, wenn sie Stephanie dazu anregen würde, ihre Vorstellungen im Einzelnen zu beschreiben, um die Gegenwart mit Blick auf diese imaginäre Zukunft gestalten zu können. Sieht sie sich auf einem wichtigen wissenschaftlichen Kongress? Oder wie sie die Rede eines berühmten französischen Schriftstellers übersetzt? Oder wie sie einen Minister nach Japan begleitet? Geht das, ohne sich über den aktuellen Stand der Wissenschaft auf dem Laufenden zu halten, ohne sich für Literatur zu interessieren oder ohne etwas über die japanische Wirtschaft zu wissen? Wenn Stephanie sich mehr auf die von ihren Zukunftsplänen diktierten Notwendigkeiten einlässt, hat sie die meisten Chancen, in allen Fächern Fortschritte zu machen, nicht jedoch, wenn sie lediglich arbeitet, um einem ihr abstrakt erscheinenden Gesetz zu gehorchen, das mit ihrem Leben nichts zu tun hat. Die Mittel (hier die schulischen Leistungen in allen Fächern) sind zwar wichtig, aber wenn sie nicht einem bestimmten Ziel dienen, nur schwer zu erreichen.

Sobald ein Kind nur mittelmäßige Noten nach Hause bringt, hindert man es daran, weiter zu sehen, und verweist es auf die unmittelbare Zukunft, wenn man ihm sagt: »Stell Dir keine Fragen. Du hast zu arbeiten«, als wolle man ihm zu verstehen geben: »Für wen hältst Du Dich? Du bist nur dazu gut, etwas auszuführen, große Pläne sind nichts für Dich.« Das Kind wird entmündigt, statt dass man sein Vertrauen in sich stärkt. Im Namen einer angeblich realistischen Haltung wird es daran gehindert, sein ganzes Potenzial auszuschöpfen. Diese Einstellung war lange Zeit bei der Erziehung behinderter Kinder vorherrschend. Aufgrund ihrer angeblichen »Schwäche« gestattete man ihnen nicht, sich ihre Zukunft selbst zu gestalten, und ließ sie lediglich anspruchslose Arbeiten verrichten. »Wenn er wenigstens einen bescheidenen Beruf erlernen könnte, wäre ich schon zufrieden.« Aber die Erfahrung hat uns gelehrt, dass sehr

viele behinderte Menschen sich eine imaginäre Zukunft ausmalen und dass sie sich ihr intellektuelles
Potential erschließen können, wenn man ihnen güns-
tige Bedingungen schafft.

Aber zurück zu Sebastian und Stephanie. Die Ansichten ihrer Eltern können durch ein Bild veranschau-
licht werden: Die beiden jungen Leute sollen einen
Hindernislauf absolvieren. Sebastians Vater sagt: »Das
Ziel ist dort hinten, auf dem Hügel. Schau immer auf
diesen Punkt und nimm all Deine Kräfte zusammen,
um dorthin zu gelangen. Los, ich vertraue Dir.« Stephanies Mutter sagt: »Auf dieser Strecke gibt es viele
Hindernisse. Du musst das Dornengestrüpp abschla-
gen und die Brücke finden, die über den Fluss führt.
Auf der Straße liegt Splitt, also guck nicht in die Luft
und schau auf Deine Füße.« Aber weil Sebastian seinen Blick stur auf sein Ziel richtet, riskiert er, sich an
den Dornen zu verletzen, auf dem Splitt auszurutschen
und die Brücke zu übersehen. Und Stephanie riskiert,
sich zu verlaufen, weil sie nur auf den Boden schaut.

Wenn wir unsere Kinder beim Lernen mit Gewinn
begleiten wollen, müssen wir ihnen zum einen dabei
helfen, ihre Ziele klar zu formulieren, und zum anderen, die entsprechenden Mittel gezielt zu benutzen.
Und dazu kommt noch ein Drittes: unsere Beziehung
zu unseren Kindern.

Das Ziel, die Mittel und unsere Zuwendung

Wie kann man auf diesen drei Registern gleichzeitig
spielen? Wir wollen Ihnen dies an zwei Beispielen
veranschaulichen. Beginnen wir mit Martin, der ge-

rade fünf Jahre alt geworden ist. Schon in diesem Alter kann man einem Kind vermitteln, wie es selbstständig werden kann. Martin lernt seit kurzem Radfahren, ohne Stützräder, und wenn er einmal in Schwung gekommen ist, kann er bis ans Ende der Straße fahren und sogar bremsen, anhalten und absteigen. Das einzige Problem ist, dass er nicht allein anfahren kann. Sein Vater oder seine Mutter müssen daher das Fahrrad halten, während Martin sich auf den Sattel und seine Füße auf die Pedale setzt, und ihn dann anstoßen, bis das Fahrrad schnell genug fährt. An einem Samstag Morgen beschließt sein Vater Daniel, die Dinge in die Hand zu nehmen.

Daniel: »Also, mein kleiner Champion, fährst Du eine Runde Fahrrad auf der Straße?« – Martin: »O.k., und Du läufst neben mir her, und dann sehen wir, wer zuerst an dem grünen Mast ankommt.« – D: »Wenn Du willst. Du kommst schon sehr gut zurecht, Du bist vorsichtig, Du hältst Dich rechts. Bald können wir zusammen Radtouren machen.« – M: »Heute?« – D: »Nein, nicht heute. Du hast zwar Fortschritte gemacht, aber damit wir zusammen eine Radtour machen können, musst Du es fertigbringen, alleine anzufahren. Schau mal, vorher hast Du auch geglaubt, Du könntest nie Fahrrad fahren ohne Deine Stützräder, und jetzt kannst Du das schon sehr gut. Wir machen es jetzt genauso mit dem Anfahren, Du wirst sehen, es wird Dir gelingen, ich sage es Dir.« – M: »Du hältst mich am Anfang ...« – D: »Keine Angst. Du schaust gut zu, was ich mit meinem Fahrrad mache, um loszufahren, und vor allem hörst Du mir gut zu und bringst Dir alles in Deinen Kopf hinein, damit Du es

195

Dir wieder vorsagen kannst. O.k.?« – M: »O.k.« – D: »Siehst Du, zuerst nehme ich mein Fahrrad zwischen die Beine und setze beide Füße auf den Boden. Dann bringe ich mit meinem rechten Fuß das rechte Pedal nach oben, ungefähr in dieser Höhe. Dann setze ich meinen Fuß auf das Pedal, und jetzt hör gut zu, ich mache drei Dinge fast gleichzeitig, ich trete fest auf das Pedal, um dem Fahrrad viel Schwung zu geben, ich setze mich auf den Sattel und setze meinen linken Fuß auf das linke Pedal, um darauf treten zu können. So. Kannst Du versuchen, wieder zu sagen, was Du machen musst, wenn Du anfahren willst?« – M: »Ja. Zuerst setze ich beide Füße auf den Boden auf beiden Seiten des Fahrrads. Dann bringe ich das rechte Pedal nicht zu sehr nach oben, wie zehn Uhr, und dann trete ich ganz fest und setze mich auf den Sattel.« – D: »Was willst Du damit sagen, wie zehn Uhr?« – M: »Man muss das rechte Pedal auf die gleiche Höhe bringen, wie wenn der kleine Zeiger auf zehn Uhr zeigt.« – D: »O.k., genau so. Es fehlt aber noch etwas: der linke Fuß. Du musst, wenn Du Dich auf den Sattel setzt, den linken Fuß auf das linke Pedal setzen, um treten zu können. Sonst kommt Dein Fahrrad nicht viel weiter. Du musst das linke Pedal sehr weit oben treten, bei zwölf Uhr. Ich zeig's Dir noch mal und sag Dir alles noch mal. ... So, jetzt üben wir ein paarmal das Anfahren. Ich halte Dich und Du führst alle Bewegungen aus, sagst Dir dabei alles vor und achtest gut auf Deine Beine, damit Du es richtig machst. ... Prima. Jetzt schaust Du nicht mehr auf Deine Beine, sondern geradeaus, auf den grünen Mast, und sagst Dir: Ich bin vor Papa dort. O.k.? Also los!«

Wir wollen uns nun im Einzelnen ansehen, wie Daniel vorgegangen ist, um seinem Sohn den für das Anfahren erforderlichen Bewegungsablauf beizubringen. Zuerst hat er Martin den allgemeinen Sinn dieser Übung gezeigt (wozu ist das gut?), er hat ihm die größere Selbständigkeit schmackhaft gemacht, die er dadurch gewinnen kann, und die Möglichkeit in Aussicht gestellt, gemeinsam mit seinem Vater Radtouren zu unternehmen. Dann ist er systematisch von dem ausgegangen, was Martin bereits gelungen ist (er kann Fahrrad fahren ohne Stützräder, er ist vorsichtig, hält sich rechts), und nicht von dem, was er noch nicht beherrscht (nämlich das Anfahren). Er hat ihm auch seine Überzeugung vermittelt, dass er es schaffen wird, und ihm versichert, ihn nicht allein zu lassen. Martin weiß, dass sein Vater ihn nicht einfach »loslassen« wird. Dann hat Daniel ihm gezeigt und erklärt, wie man es macht, indem er ihm die Mittel an die Hand gegeben hat, sich Vorstellungen, Bilder zu machen, mit denen er sich die erforderlichen Bewegungen aneignen kann. Da er seinen Sohn kennt, weiß Daniel, dass Martin verbale Gewohnheiten hat, dass er sich vorsagt, was er zu tun hat. Er formuliert daher seine Anweisungen dementsprechend: »Vor allem hörst Du mir gut zu und bringst Dir alles in Deinen Kopf hinein, damit Du es Dir wieder vorsagen kannst.« Als Martin eine eigene Formulierung vorschlägt (»das Pedal auf zehn Uhr«), akzeptiert er das und verwendet sie sogar selbst (»das linke Pedal auf zwölf Uhr«). Außerdem konfrontiert er das, was er Martin zeigt und sagt, mit dem, was Martin selbst sich vorstellt und nachsagt. Gleichzeitig empfiehlt er

ihm, sich auf den Inhalt der Aufgabe zu konzentrieren: »Du führst alle Bewegungen aus, sagst Dir dabei
alles vor und achtest gut auf Deine Beine, damit Du
es richtig machst.« Und schließlich gibt er diesem
Lernprozess eine Zielperspektive: »Schau auf den grünen Mast«. Er stellt ihn in den Rahmen einer Beziehung: Es geht darum, mit Papa um die Wette zu
fahren.

Hören wir nun, was Alban, sechzehn Jahre, zu
sagen hat. Wie wir sehen werden, ist es diesmal der
Lehrer, der es verstanden hat, den notwendigen Im-
puls zu geben, ohne dabei zu vergessen, seinen
Schüler bis zu seinem Ziel hin zu begleiten und ohne
zu vergessen, dass bei jungen Menschen die affektive
Dimension von größter Bedeutung ist.

»Wirtschaftslehre war bis zu diesem Jahr ein Fach,
für das ich mich einfach nicht interessieren konnte.
Ich habe so wenig wie möglich gearbeitet, und nur,
wenn ich unbedingt musste. Zahlungsbilanzen, Gesetz von Angebot und Nachfrage, Schwankungen der
Wechselkurse, Kosteninflation, all diese Dinge er-
schienen mir abstrakt und uninteressant. Dieses Jahr
sieht die Sache ganz anders aus, weil unser Lehrer
uns wirklich dafür begeistert hat. Zu Beginn des
Schuljahres hat er uns nach unseren Interessen, nach
unseren Hobbies gefragt, was wir in unserer Freizeit
gerne machen. Bei mir ist das die Musik, ich höre
gern Musik und mache selbst Musik. Wir haben uns
dann gemeinsam ein Ziel für das erste Trimester gesetzt: Im Dezember sollte ich ein Referat halten über
den weltweiten Handel mit Musikinstrumenten. An-
fangs hatte ich große Mühe damit, einen Arbeitsplan

aufzustellen, obwohl das Thema mich sehr interessierte. Meine Arbeit war viel zu sehr auf die Schule ausgerichtet, es gelang mir nicht, meine Gedanken zu strukturieren. Mein Lehrer hat mir sehr dabei geholfen. Er sagte mir, ich solle mir die Situation vorstellen, wie ich mein Referat vor meinen Klassenkameraden halte. Da ich mir ihre Reaktionen und die Fragen, die sie mir stellen könnten, vorgestellt habe, ist mir der Plan fast von selbst eingefallen, und es ist mir gelungen, ein lebendiges Referat zu halten, das sie wirklich interessant fanden. Ich habe jetzt verstanden, was Begriffe wie Konzentration der Weltwirtschaft und Auslagerung der Produktion bedeuten oder welches die Konsequenzen der Währungsschwankungen für die Unternehmen sind, und ich glaube, es ist mir gelungen, dies den anderen gut zu erklären. Am Ende meines Referats hat die ganze Klasse applaudiert, und mein Lehrer hat mir gratuliert. Natürlich arbeite ich für mich. Aber bei einem solchen Lehrer Anerkennung zu finden, das tut einem schon gut.«

9. »Es ist ihm egal« – Vermitteln Sie Ihrem Kind die Lust am Erfolg

»Er bringt katastrophale Noten nach Hause, aber das lässt ihn kalt. Wäre er in seinem Ehrgefühl getroffen, könnte man darauf abzielen, aber das ist nicht der Fall. Vielleicht bezieht er sogar einen gewissen Stolz daraus, der Schlechteste in der Klasse zu sein.« Derartige Überlegungen hört man häufig von Eltern, deren

Kinder als Schulversager gelten. Tatsächlich stellen manche Kinder ein völliges Desinteresse zur Schau, was ihre Noten und die Kommentare ihrer Lehrer betrifft. Aber wir sollten auch hier versuchen, uns behutsam in ihre Welt hineinzubegeben.

Stellen Sie sich vor, Sie hätten plötzlich Schwierigkeiten in ihrem Berufsleben. Man gibt Ihnen zu verstehen, dass Ihre Arbeit zu wünschen übriglässt, dass Sie ihre Dossiers nicht richtig bearbeiten und dass man entsprechende Maßnahmen ergreifen wird, wenn Sie sich keine Mühe geben. Glauben Sie wirklich, das würde Sie kalt lassen? Würde das bei Ihnen nicht Stress, nervliche Anspannung bewirken, vielleicht Zorn hervorrufen oder sogar zu Depressionen führen? Stellen Sie sich jetzt vor, dass es Ihnen trotz mehrerer Versuche nicht gelungen ist, zu besseren Ergebnissen zu gelangen, und dass die Meinung Ihrer Vorgesetzten sich nicht geändert hat. Sie werden also ein System zu Ihrer Verteidigung aufbauen müssen. Zu Ihren Freunden werden Sie sagen: »Für mich ist die Arbeit nichts anderes als acht Stunden Anwesenheit am Arbeitplatz. Ich arbeite für mein Gehalt, der Rest interessiert mich nicht. Mein wahres Leben spielt sich außerhalb der Arbeit ab. Was für mich zählt, sind meine Familie und meine Freizeit.« Oder: »Ich mache meine Arbeit. Wenn sie damit zufrieden sind, um so besser, und wenn nicht, ist das ihr Problem. Mir ist das völlig egal.« Bald werden Sie selbst von Ihrer angeblichen Gleichgültigkeit überzeugt sein. Sie fabrizieren sich somit einen Panzer, der um so dicker ist, je verzweifelter Sie sind.

Die Wunden des Scheiterns

Unsere Kinder reagieren in diesem Punkt nicht anders. Wenn sie versagen, nehmen sie das schwer, aber sie können sich nicht ständig ihr Leid vor Augen halten. Bevor sie zugeben: »Es tut mir weh, den ganzen Tag lang zu hören, dass ich eine Niete bin, dass ich faul bin, dass ich nicht nachdenke, und um mich herum die anderen zu sehen, die Erfolg haben und gute Noten und Komplimente bekommen«, spielen sie eifrig die Rolle des mutwillig schlechten Schülers, versuchen mitunter, andere zu provozieren, und präsentieren ihre schlechten Noten wie Trophäen. Hinter dieser Fassade verbergen sie, dass sie unglücklich sind. Vergessen wir nicht, dass die Schule ihr soziales Milieu ist, das Umfeld, in dem sie die meiste Zeit verbringen, in dem sie ihre Beziehungen knüpfen. Um zu überleben, müssen sie sich unbedingt ein Image konstruieren, das ihnen den größtmöglichen psychologischen Gewinn bringt.

Es gibt eine Spirale des Scheiterns, in die das Kind hineingeraten kann, wenn man nicht aufpasst. Man braucht Geduld und diplomatisches Geschick, um diese Tendenz umzukehren. Dafür sind mehrere Schritte notwendig.

Zuerst müssen wir die Bereiche ausfindig machen, in denen es Erfolg hat. Dieser Schritt wird Sie nicht überraschen, denn Sie wissen jetzt, dass es besser ist, das Kind zu fragen: »Wie machst Du es, wenn es geht?« statt »Wie kommt es, dass Du es nicht schaffst?«. Wir wollen seine Misserfolge nicht in Erfolge ummünzen. So naiv ist es nicht, um die Sache nicht zu durchschauen. Wenn seine Hausaufgaben jede Menge Rechtschreibfehler enthalten oder seine Noten in Mathematik katastrophal sind, würde es von einem Mangel an Respekt zeugen, das Gegenteil zu behaupten. Aber alle Kinder, mit denen wir zu tun hatten, sind auf einem – wenn auch noch so kleinen Gebiet – erfolgreich. Alle haben etwas, für das sie ein gewisses Interesse zeigen, man muss nur aufmerksam genug beobachten.

Fragen wir Hans-Peter, 45 Jahre, dessen Sohn Ludwig sich mit 15 Jahren seiner Meinung nach »auf dem Abstellgleis befindet« und auf das Ende der Schulpflicht wartet. Hans-Peter bringt uns gegenüber seine Hoffnungslosigkeit zum Ausdruck: »Die Wahrheit ist, dass Ludwig nichts tut. Wenn man ihm nicht ständig im Nacken sitzt, verbringt er seine Tage stumpfsinnig vor dem Fernseher und beschäftigt sich mit seinen Videospielen. Man könnte meinen, er sei erst acht. Wir sind zu allen seinen Lehrern gegangen. Alle haben uns gesagt, er sei intelligent und er hätte Fähigkeiten, aber er hört nie zu, als würde ihn nichts interessieren. Es ist nicht zu fassen, wie man sich selbst so aufgeben kann. Was sollen wir nächstes Jahr mit ihm machen? Er wird sich ohne jeden Abschluss auf dem Arbeitsmarkt befinden.« – »Gibt es Fächer, in denen er Erfolge aufweist?« – »Kein einziges. Überall versagt er. Es ist einfach so, dass er die ganze Zeit nur herumhängt.« – »Und es gibt wirklich nichts, was ihn interessiert?« – »Nein, es ist zum Verzweifeln. (Schweigen) Oder doch, aber nichts, was sehr nützlich wäre. Er interessiert sich für die Raumfahrt. Es ist unglaublich, was er über dieses Thema weiß. Er kann stundenlang darüber sprechen. Es genügt, dass er einmal einen Artikel gelesen oder eine Sendung im Fernsehen gesehen hat, er behält alles. Einmal hat mich das so irritiert, weil ich selbst nichts davon verstehe, dass ich in der Enzyklopädie nachgesehen habe, aber alles, was er gesagt hatte, stimmte.« Womit bewiesen wäre, dass er sehr wohl fähig ist, etwas zu lernen.

Irgendetwas gelingt einem immer

Wenn wir uns nach den Stärken unserer Kinder fragen, denken wir allzu oft nur an die Schulfächer. Ludwigs Interesse für die Raumfahrt wird von seinem Vater nicht anerkannt, weil dies »zu nichts nütze ist«, wie er sagt. Obwohl dies ein Thema ist, das auch in der Schule behandelt wird. Sollten wir nicht jedes Interesse daran haben anzuerkennen, dass unser Kind große Ausdauer zeigt, wenn wir mit ihm eine Wanderung machen, für die Unterhaltung unserer Gäste sorgt, Gespür für andere Menschen hat, man ihm nichts vormachen kann, wenn es um Popmusik geht, dass es hervorragend tauchen kann, genaue Naturbeobachtungen anstellt, geschickt im Basteln ist oder erstaunliche Geschichten erfindet? Daraus kann man keinen Beruf machen? Doch, man kann daraus einen Beruf machen. Für jede dieser Eigenschaften ließe sich ein Beruf finden, der nützlich ist, gesellschaftliche Anerkennung und Befriedigung verleihen kann.

Aber bevor wir versuchen, unser Kind »unterzubringen«, *die* Lösung für seine Zukunft zu finden, sollten wir ihm zeigen, dass nicht alles schwarz ist und dass es Dinge gibt, für die es ein wirkliches Talent besitzt. Es muss wieder Vertrauen in sich schöpfen. Wir müssen ihm helfen zu verstehen, welche geistigen Strategien es in den Bereichen anwendet, in denen es motiviert ist, damit es seine erfolgreichen Strategien auf andere Bereiche übertragen kann. Wir müssen ihm helfen, sich mit der Zeit klare Ziele zu setzen, indem wir ihm seine geistigen Strategien und die Art seiner Bilder deutlich machen. Es muss (wieder) Vertrauen gewinnen in seine Fähigkeit, seinen Kopf zu benutzen und sein geistiges Leben in die Hand zu nehmen. In den Fächern, in denen es die größten Schwierigkeiten hat, sollten wir am Anfang einfache Beispiele wählen. Es geht nicht darum, dass es seinen Rückstand so schnell wie möglich aufholt. Zuerst sollte das Kind sich selbst beweisen, dass es in der Lage ist, den erforderlichen Schritt zu vollziehen, um in den Fächern, in denen es gewöhnlich versagt hat, etwas leisten zu können. Von dem Augenblick an, wo es wieder Vertrauen in seine persönlichen Ressourcen gefasst und sich die Mittel verschafft hat, sie voll auszuschöpfen, ist es offen für andere Perspektiven. Vor allem wird es merken, dass der Erfolg seine angenehmen Seiten hat. Damit wird es mit der Zeit auf den psychologischen Gewinn verzichten können, den ihm sein früheres Verhalten einbrachte, und sich selbst erfolgsorientierte Ziele setzen. Auch wenn es am Anfang nur langsame, fast unmerkliche Fortschritte macht, weil die eigentliche Arbeit in seinem Inneren stattfindet, wird sich dies schon sehr bald ändern, wenn diese Bedingungen beachtet wurden. Man hat dann Kinder oder Jugendliche vor sich, die froh sind, sich ihr intellektuelles Potenzial erschlossen zu haben, und plötzlich einen gewaltigen Hunger nach Wissen an den Tag legen.

Der 17-jährige Frank galt lange Zeit als »Schulversager«. Heute macht er eine Lehre bei einem Elektriker und geht dabei weiter auf die Schule. Sein Vater, der sich große Sorgen um ihn gemacht hatte, ist erleichtert: »Das war ein langer Weg. In der Schule war es eine Katastrophe. Frank hat eine Klasse nach der anderen wiederholt. Nichts hat ihn interessiert, außer Sport. Da war er immer der Beste. Wir haben uns Sorgen gemacht um ihn. Ich glaube, er war einfach nicht motiviert. Er hat nicht eingesehen, wozu das gut sein sollte. Jetzt hat er einen guten Start. Ich habe eine Lehrstelle für ihn gefunden, bei einem Elektriker, und es läuft sehr gut. Sein Chef ist ein prima Kerl und Frank macht große Fortschritte. Er hat Interesse an Betriebswirtschaft gefunden, versteht die Bedeutung eines Kostenvoranschlags. Plötzlich scheint ihm ein Licht aufgegangen zu sein, er hat wieder Vertrauen in sich gewonnen. Auch ist ihm bewusst geworden, wie wichtig die Schule ist. Er will sogar das Abitur machen. Das wird sicher nicht leicht sein, weil ihm noch so viel fehlt, aber wichtig ist, dass es ›Klick‹ gemacht hat. Und da er alles andere als dumm ist ...«

10. »Ihr Kind hat Angst« –
Machen Sie ihm den Kopf frei

»Karin ist 23 und macht in zwei Wochen eine wichtige Prüfung. Aber sie regt sich schnell auf und ich spüre, wie sie jeden Tag mehr Angst hat vor dem schicksalhaften Datum. Eigentlich müsste sie sich doch inzwischen daran gewöhnt haben, denn ihr Abitur hat sie bereits mit 17 gemacht, und seither hatte sie jedes Jahr eine andere Prüfung, sogar mehrmals im Jahr. Ich würde meiner Tochter gerne helfen, ihre Prüfungsangst loszuwerden, aber ich weiß nicht wie.«

»Mein Sohn ist fünfzehn, er ist sehr gut in der Schule, einer der Besten in seiner Klasse, und zwar in allen Fächern, außer in Mathematik, seit diesem Schuljahr. Im Schriftlichen geht es so einigermaßen, aber im Mündlichen hat er ganz schlechte Noten. Sein Lehrer sagt, es sei nichts aus ihm herauszukriegen, wenn er ihm Fragen stellt. Und Daniel sagt mir, dass ihm nichts mehr einfällt, sobald er vor der Tafel steht. Er hat den Eindruck, nicht mehr er selbst zu sein. Obwohl er hart dafür arbeitet, erzielt er keine besseren Ergebnisse.«

Angst ist ein Zustand des physischen und psychischen Unbehagens, der damit einhergeht, dass man sich eine reale oder eingebildete Gefahr bewusst macht. Die Wirklichkeit, auf die sich dieser Zustand bezieht, ist jedoch sehr unterschiedlich.

Lampenfieber

Die Angst, die in Karin vor einer Prüfung aufsteigt, ist ein klassisches Phänomen. Es ist vergleichbar mit dem sogenannten Lampenfieber, das Schauspieler empfinden, bevor sie die Bühne betreten. Auch wenn es ihre hundertste Aufführung ist, ändert das nichts daran, und sie müssen sich damit abfinden, dass dies einfach zu ihrem Beruf gehört. Das Fieber, das Sportler vor einem großen Wettkampf ergreift, ist häufig ein Indiz dafür, dass sie in Form sind. Und jeder von uns kennt die Angst, die uns vor einem wichtigen Ereignis die Kehle zuschnürt: vor einem entscheidenden Treffen, einem Vorstellungsgespräch, einer schwierigen Konferenz, einem Rendezvous. Auch sehr guten Schülern und Studierenden ist diese Angst nicht fremd. Eine Untersuchung unter den besten Schülern eines Leistungskurses Mathematik hat ergeben, dass diese jede Woche, bevor sie an der Tafel eine Aufgabe lösen müssen (deren Bedeutung relativ gering ist, verglichen mit den Prüfungen, die auf sie zukommen), diese Angst verspüren, die manche als einen richtigen Trancezustand beschreiben.

Karin verschafft es dennoch keine Erleichterung, wenn man ihr sagt, dass sie diese Angst mit vielen anderen teilt, auch mit sehr guten Studentinnen, denn schließlich ist eines der charakteristischen Merkmale dieses Zustands das Bewusstsein, ganz allein mit der Prüfung konfrontiert zu sein. Wie könnte Karin diese Angst loswerden? Unsere Antwort mag Sie irritieren: Man sollte nicht versuchen, die Angst zu verjagen, sie gehört zur Vorbereitung auf das Examen dazu.

Karin wiederholt ihren Stoff, nimmt sich die Themen der vergangenen Jahre vor mit dem Ziel, die Prüfung zu bestehen. Sie visualisiert in ihrem Kopf Bilder der Prüfungssituation, Bilder des Raums, der Verteilung der Themen, verbale Bilder der Anweisungen, die sie sich selbst gibt: »Lies das Thema ganz ruhig, versuche, alle Elemente gut zu verstehen, greife die wichtigsten Gedanken heraus, mache einen Plan ...« In ihren Bildern hat sie vollkommen das Heft in der Hand. Sie ist völlig von dem Bewusstsein durchdrungen, für ihren Erfolg oder Misserfolg ganz allein verantwortlich zu sein. Und hier kommt ihre Angst ins Spiel: Wird sie ihrer Rolle gewachsen sein? Diese Angst ist daher mit dem von ihr angestrebten Ziel, dem Bestehen der Prüfung, untrennbar verbunden. Sie lässt Karin ihre Rolle unter allen hypothetischen Umständen (mehr oder weniger schwieriges Thema, mehr oder weniger strenge Prüfer) durchspielen. Wenn die Angst die eine Seite der Medaille ist, ist die andere Seite das Bewusstsein ihrer eigenen Verantwortung, der Wunsch, Erfolg zu haben, und die Fähigkeit, sich allen möglichen Situationen anzupassen. Stellen wir uns vor, diese Angst verschwindet und Karin ist vollkommen entspannt. In diesem Fall müsste man sich Sorgen machen. Ihre ganze positive Anspannung auf ihr Ziel hin, ihre Fähigkeit, sich dem Unbekannten zu stellen, würden damit ebenfalls zum Verschwinden gebracht. Die einzige Unterstützung, die man ihr geben kann, besteht darin, diese Angst zu erkennen und sie als ein notwendiges, konstitutives Element für das Bestehen der Prüfung anzunehmen.

Lähmende Angst

Was Daniel empfindet, ist von ganz anderer Art. In Gegenwart seines Lehrers, wenn dieser ihm Fragen stellt, wird er von seiner Aufregung und Angst derart überwältigt, dass er wie gelähmt ist. Er kann sie nicht kontrollieren, sie erstickt ihn, sie macht jede Absicht zunichte. Hier kann man im eigentlichen Sinne von Angst sprechen, während für Karins Zustand eher der Begriff Lampenfieber zutrifft. Sosehr dies Energien freisetzen kann, sosehr wirkt die Angst lähmend. Die Person hat das eigenartige Gefühl, die Situation nicht mehr wirklich zu erleben, sie empfindet sich als von ihr getrennt, als würde sie sich dabei zuschauen. Es kommt aber auch vor, dass die Angst einen gegenteiligen Effekt hat. Die befragte Person antwortet irgendetwas, überstürzt, fast gegen ihren Willen. Die Angst »verleiht Flügel« – um zu fliehen. Wie kann man sich von dieser Angst und ihren negativen Effekten befreien? Indem man sie in Lampenfieber umwandelt.

Wenn Daniel seine Mathematiklektion lernt, vermeidet er es, sich in seinem Kopf Bilder der Situation zu machen, in der man ihm Fragen stellen wird, ganz einfach deswegen, weil ihm diese Bilder unangenehm sind. Damit er sich nicht vorstellen muss, wie gelähmt er in der Situation sein wird, legt er sein Vorstellungsvermögen lahm. Konkret bedeutet das, dass es ihm nicht wirklich gelingt, sich die Situation vorzustellen. Entweder weigert er sich, sie zu sehen, oder er sieht sie nur flüchtig, wie ein unbewegtes Bild, das sein Versagen darstellt, so dass er es sehr schnell verwirft. Die Folge davon ist, dass er verbissen arbeitet und sich noch mehr anstrengt, jedoch ohne sich dabei in die Prüfungssituation zu versetzen. Angst erzeugt bei ihm eine Denkhemmung. Es ist im Übrigen kein Zufall, wenn man in einer solchen Situation sagt: »Ich wage nicht, daran zu denken. Das ist eine Hypothese, an die ich gar nicht denken will.« Man gestattet sich selbst nicht die Wahl seines eigenen Verhaltens.

Wie kann man Daniel helfen? Er muss es schaffen, seine Vorstellungen wieder zu mobilisieren. Um dies zu erreichen, muss er sich andere Situationen vorstellen als diejenige, in der er sich als Versager darstellt, auch wenn sie am Anfang absurd zu sein scheinen. Warum nicht mit der Hypothese spielen, dass er die Klasse verlässt, wenn er gefragt wird? Oder sich vorstellen, dass er auf Englisch antwortet? Humorvolle und entspannte Vorstellungen können heilsam sein. Das Wesentliche dabei ist, dass Daniel mehrere Möglichkeiten vor sich sieht, dass ein fixes Bild durch eine Reihe unterschiedlicher Vorstellungen ersetzt wird. Dann kann man von allen Hypothesen auch diejenige in Betracht ziehen, in der Daniel seinem Lehrer eine glänzende Antwort gibt. Und ihn dazu ermuntern, sich von dieser Situation präzise (visuelle, auditive oder verbale) Vorstellungen zu machen.

Vom rechten Gebrauch der Angst

Es bestehen gute Chancen, dass die Vorstellung dieser Hypothese bei Daniel Angst erzeugt. Damit ist das Ziel erreicht. Diese Angst, jetzt im Sinne von Lampenfieber, ist gleichbedeutend mit wieder gefundener Freiheit. Daniel kann sich jetzt das Ziel setzen, die richtigen Antworten zu geben und die notwendigen geistigen Strategien (Einprägen, Nachdenken, Verstehen) anzuwenden, die für das Erlernen seiner Lektion mit Blick auf dieses Ziel notwendig sind.

Lampenfieber bedeutet, dass man sich dem Anderen, dem Unbekannten öffnet. Je mehr man sich auf ein Ereignis vorbereitet, indem man sich in seiner Vorstellung Bilder davon macht, desto mehr lässt man sich auf dieses Lampenfieber ein, desto mehr ist man in der Lage, das Unvorhergesehene zu akzeptieren. Angst hingegen bedeutet, dass man sich verschließt, blockiert ist. Da man nicht weiß, woran man ist, lehnt man das Unbekannte ab. Man kann das, was die anderen einem bringen, nicht mehr annehmen. Damit wir keine Angst erleiden müssen, sollten wir uns auf das Lampenfieber einlassen, indem wir uns das Ziel setzen, dass unser Vorhaben gelingt.

11. »Auch mit Niederlagen muss man leben« – Aber von welchen Niederlagen reden wir?

Alles schön und gut, werden Sie sagen, und dennoch lassen sich Niederlagen nicht immer vermeiden. Es gibt einen Zeitpunkt, wo die Würfel gefallen sind, wo einige es geschafft haben und andere nicht.

Schule und Studium gleichen allzu oft einem Hindernislauf. Und bei jeder Etappe schließen sich einige Türen endgültig, zumindest scheint es so. Wenn Fabian, der Arzt werden wollte, in drei Jahren zweimal die Aufnahmeprüfung für das Medizinstudium nicht bestanden hat, kann er sich nicht wieder zur Prüfung anmelden. Er wird also nicht Arzt werden. Wenn Johanna, die es im Schwimmen zur Meisterschaft bringen wollte, mit 25 Jahren immer noch keinen entscheidenden Wettkampf gewonnen hat, wird sie ihr Ziel nie erreichen. Und wenn Rüdiger, der Pilot werden wollte, kurzsichtig ist, entspricht er nicht den Kriterien und wird nie im Cockpit eines Flugzeugs sitzen. Das Urteil ist endgültig, unwiderruflich.

Wie können wir unseren Kindern dabei helfen, diese Niederlagen zu überwinden? Indem wir gemeinsam mit ihnen ihre Motivation für das Ziel, das sie sich gesteckt hatten, untersuchen und ihnen dabei helfen, die geistigen Bilder zu beschreiben, die sie sich von ihrer Zukunft gemacht haben: Was bedeutet es für sie, Arzt oder Pilot zu werden oder Schwimmwettkämpfe zu gewinnen? Wie haben sie sich ihre Zukunft vorgestellt? Welche Bilder haben sie sich von ihr gemacht? Welche Worte haben sie dabei gebraucht? Man kann davon träumen, Arzt zu werden, um Kindern in der Dritten Welt helfen zu können, um viel Geld zu verdienen, um in der Forschung zu arbeiten, wegen des damit verbundenen Prestiges, um vielen Menschen zu begegnen, weil man in der Krankenhaushierarchie Karriere machen oder sein eigener Chef sein will. Man kann von einem Meisterschaftstitel träumen wegen des damit verbundenen Ruhms oder der vielen Reisen wegen, sofern nicht Teamgeist und die Freude am Schwimmen mehr zählen als der Rausch des Wettkampfs. Und welcher kleine Junge hat nicht davon geträumt, eines Tages Pilot zu sein? Der Reiz der Uniform und vor allem der Wunsch, fliegen zu können, liegen so mancher kindlichen Berufung zum Piloten zugrunde. Später dann bestärken das Interesse an Technik und der Wunsch nach Freiheit manch einen auf diesem Weg.

Fabian, Johanna und Rüdiger haben sich Ziele gesetzt aufgrund der Bilder, die sie sich von sich selbst machen. Ihre Ambitionen, auf die sie nun verzichten müssen, waren in Wirklichkeit lediglich das Ergebnis der Bilder, die sie sich von diesen Berufen gemacht hatten, verbunden mit Vorstellungen, die sie von sich selbst haben. Dieses Zusammentreffen von Vorstellungen kann das Ergebnis einer falschen Sichtweise oder eines Missverständnisses sein. So kann man am Anfang von einer neuen Arbeit ganz begeistert sein (»Genau das brauche ich«) und nach einiger Zeit merken, dass die Wirklichkeit den Erwartungen nicht entspricht (»So habe ich mir das nicht vorgestellt. Ich habe mir wohl Illusionen gemacht«).

In unserem Fall ist die Situation eine andere. Fabian, Johanna und Rüdiger können ihre Erwartungen gar nicht mit der Wirklichkeit vergleichen. Daraus kann ein Gefühl der Frustration entstehen, bei dessen Bekämpfung wir ihnen helfen müssen. Wir müssen mit ihnen gemeinsam von ihren grundlegenden Erwartungen ausgehen und ihnen dabei helfen, andere Zukunftsmöglichkeiten in Betracht zu ziehen, und zwar dadurch, dass sie sich in der ersten Person andere Berufe vorstellen, in denen sie ihre Hoffnungen ebenfalls realisieren können. Wir wollen für jeden Fall nur ein Beispiel nennen: Fabian kann, ohne Arzt zu sein, sich in den Dienst an seinen Mitmenschen stellen, vor allem in der Dritten Welt. Johanna kann im Team arbeiten, in der Modebranche oder im Sportjournalismus und dabei weiterhin zu ihrem eigenen Vergnügen schwimmen. Rüdiger kann seine Begeisterung für die Technik in der Luftfahrtindustrie oder in einem anderen Bereich ausleben.

Wir sollten dabei aber nichts überstürzen und nicht der Versuchung nachgeben, so schnell wie möglich eine Lösung zu finden, weil wir uns Sorgen um

die Zukunft unserer Kinder machen. Wenn ein junger Mensch klar sagen kann, was sein Leben inspiriert, was ihn begeistert, stehen ihm für die Zukunft immer mehrere Wege offen.

12. Für oder gegen die Schule? – Für die Zukunft Ihres Kindes!

Wir sind nicht allein für die Ausbildung und Entwicklung unserer Kinder zuständig. Natürlich spielt die Schule in ihrem Leben eine wichtige Rolle, und ihre Denk- und Lebensweise wird von ihren Lehrern wesentlich beeinflusst. Worin besteht die Aufgabe der Lehrer, wo sind ihre Grenzen? Wie sollen wir uns ihnen gegenüber verhalten? Zwischen Eltern und Lehrern kommt es häufig zu Missverständnissen oder Meinungsverschiedenheiten, selten aber zu offenen Aussprachen.

Der 9-jährige Kai war im letzten Schuljahr richtig aufgeblüht, aber mit dem Beginn des neuen Schuljahrs wurde er plötzlich verschlossen. Seine Mutter sucht nach Erklärungen: »Letztes Jahr hatte er eine Lehrerin, Christine, die er angehimmelt hat. Er hätte alles getan, um ihr eine Freude zu machen. Dieses Jahr hat er eine andere Lehrerin, die strenger ist. Sie hat ihn zwei- oder dreimal kritisiert, und das hat sich ihm eingeprägt. Er hat den Eindruck, dass sie ihre Lieblinge hat. Und dann scheint sie etwas empfindlich zu sein. Aber ich kann doch nicht hingehen und sie fragen: »Warum mögen Sie meinen Sohn nicht?«

Der 12-jährige Florian bringt gute Noten nach Hause, außer in Mathematik. Florians Vater regt sich über die Kommentare seines Lehrers auf: »Das ist bereits das zweite Mal, dass er sich damit begnügt, in sein Zeugnis zu schreiben: Könnte besser sein. Er macht es sich leicht, er ist einfach der Meinung, Florian könnte besser sein. Aber wie soll das gehen? Er sollte mit dem Zeugnis auch gleich die entsprechende Gebrauchsanweisung mitschicken. Er ist ja ganz nett, aber ich habe nicht auf ihn gewartet, um zu erfahren, dass mein Sohn nicht unfähig ist. Im Übrigen ist er in allen anderen Fächern gut. Nur in Mathematik ist er blockiert. Aber schließlich ist es die Aufgabe des Lehrers, sich darum zu kümmern, oder etwa nicht?«

Die 16-jährige Anna hat ausgezeichnete Noten. Aber die Kommunikation mit ihren Eltern gestaltet sich sehr schwierig. Ihr Vater stellt fest, dass Anna seit einigen Monaten praktisch nicht mehr mit ihm spricht: »Für Anna sind wir ein Hotel. Sie kommt zum Essen und Schlafen. Was habe ich ihr denn getan? Hat sie mir etwas vorzuwerfen? Ich weiß schon, wer hinter alldem steckt. Ihr Deutschlehrer hetzt sie auf. Was er sagt, ist sakrosankt. Es ist leicht, schöne Theorien zu entwickeln, wenn man sie nicht täglich praktizieren muss. Er soll seine Arbeit machen und sie auf das Abitur vorbereiten. Damit kann er sich zumindest nützlich machen.«

Warum werden Lehrer von uns so streng beurteilt? Vielleicht, weil wir ihnen das anvertrauen, was uns am liebsten ist, unsere Kinder. Weil wir wohl oder übel akzeptieren müssen, die Verantwortung für deren Erziehung und Ausbildung mit ihnen zu teilen.

Wer sind diese Lehrer? Es sind Männer und Frauen mit Qualitäten und Fehlern, in der überwältigenden Mehrheit guten Willens, ehrlich besorgt um das Wohlergehen und die Entwicklung ihrer Schüler/ -innen. Aber die meisten sind eher für die Vermittlung von Inhalten ausgebildet als für ihre pädagogische Aufgabe. Wie in allen Berufen legen die einen dabei mehr, die anderen weniger Begeisterung und Engagement an den Tag. Häufig sind sie selbst Eltern und bezüglich ihrer Kinder stellen sie sich die gleichen Fragen wie wir. Vielleicht haben sie sogar die gleichen Schwierigkeiten mit dem Schulsystem.

Wenn es Missverständnisse gibt, dann vor allem deswegen, weil man normalerweise glaubt, die Eltern seien für die Erziehung ihrer Kinder verantwortlich, während die Ausbildung eher Sache der Schule ist. Diese Unterscheidung ist nicht nur unsinnig, sondern geradezu gefährlich. Auch wenn es die Aufgabe der Schule ist, den Kindern etwas beizubringen, verzichten wir als Eltern nicht darauf, ihnen bestimmte Kenntnisse zu vermitteln, wenn sie dies wünschen oder wir es für angebracht halten. Genauso wenig sollten sich Lehrer verbieten, den geringsten Einfluss auf die Kinder auszuüben, weil die Erziehung Sache der Eltern ist. Auch wenn sie dies wollten, könnten sie es nicht, denn sie sind keine Roboter, keine automatischen Wissensvermittler. Wie sollten sie auch eine mathematische Beweisführung entwickeln, über Geschichte oder Philosophie sprechen oder das Interesse an Poesie wecken können, wenn sie sich hinter der reinen Wissensvermittlung verschanzen? Immer kommt die ganze Person ins Spiel, mit ihren Qualitäten und Fehlern, ihren Interessen, ihren Überzeugungen und ihren Zweifeln. Lehrer spielen eine wichtige Rolle für die Entwicklung der Kinder und Jugendlichen, ob uns das gefällt oder nicht. Wir meinen, dass wir allen Grund haben, darüber froh zu sein, auch und vielleicht sogar vor allem dann, wenn diese andere Standpunkte vertreten, für andere Dinge empfänglich sind, sich anders verhalten als wir. Diese Begegnungen während ihrer Schulzeit erlauben unseren Kindern, einen kritischen Geist auszubilden und ihr Urteilsvermögen zu schärfen.

Welche Haltung sollen wir als Eltern den Lehrern gegenüber einnehmen? Sollen wir sie ignorieren, eine Schranke errichten zwischen dem, was in der Schule passiert und dem Leben zu Hause in der Familie? Sollen wir mit ihnen zusammenarbeiten? Uns ihnen entgegenstellen? Sollen wir die Schule als notwendiges Übel ansehen? Welches Verhältnis sollen wir zur Schule aufbauen? Unsere Antwort ist eindeutig: immer ein partnerschaftliches. Zuerst sollten wir versuchen, die Lehrer etwas nachsichtiger zu beurteilen und uns einen Augenblick in ihre Lage versetzen. Stellen Sie sich vor, Ihr Kind sei in der Grundschule. Finden Sie, dass es leicht ist, seine Aufmerksamkeit zu gewinnen und aufrechtzuerhalten oder es sinnvoll zu beschäftigen? Stellen Sie sich vor, Sie müssten ihm Lesen und Schreiben beibringen. Jetzt multiplizieren Sie dieses Problem mit 25 oder 30, der Zahl der Kinder in einer Klasse. Wenn Sie Ihr Kind das nächste Mal zur Schule bringen, stellen Sie sich vor, dass Sie sich nicht von ihm verabschieden, sondern selbst anstelle der Lehrerin in die Klasse gehen und mit der schwierigen Aufgabe konfrontiert sind, ihr Interesse zu wecken, die Klasse zu motivieren und dabei jedem einzelnen Kind Beachtung zu schenken, Disziplin walten zu lassen, ohne allzu autoritär zu sein, Abwechslung in den Unterricht hineinzubringen, ohne sich zu verzetteln, die Kinder von selbst etwas entdecken zu lassen, statt es ihnen aufzuzwingen, und zu kontrollieren, dass sie auch wirklich alles verstanden haben. Oder stellen Sie sich vor, Ihr Kind befinde sich bereits in der schwierigen Phase der Pubertät. Stellen Sie sich vor, wie es mit all seinen Freunden und Freundinnen, die Sie zu Hause nur flüchtig zu Gesicht bekommen und für die Sie anscheinend so etwas wie eine Telefonzentrale sind, in der Klasse vor Ihnen sitzt. Und Sie müssen sie für die Rüstungspolitik in Deutschland zwischen den beiden Weltkriegen oder für das zweite Gesetz der Thermodynamik interessieren. Hört man Ihnen zu? Haben Sie den Eindruck, sie haben es verstanden? Fühlen sie sich überhaupt angesprochen? Sie haben doch Parallelen gezogen zu der heutigen Rüstungs- und Abrüstungspolitik, Sie haben ihnen die wichtigsten Anwendungsbereiche dieses Gesetzes in der Industrie gezeigt. Aber in welchen Regionen befinden sie sich? Es ist bestimmt nicht leicht, seine Schüler für etwas zu interessieren.

Sie werden sagen, das sei auch nicht Ihr Beruf, dafür sind Sie nicht ausgebildet. Auch in Ihrer Arbeit sei nicht alles rosig. Sicher, aber geben Sie zu, Sie sind erleichtert, dass es sich hier nur um eine Hypothese handelt. Sie sind noch nicht überzeugt? Sie behalten Ihre negative Meinung über die Lehrerschaft? Gut, aber was wollen Sie mit dieser Meinung machen? Sich hinter einem trotzigen und verächtlichen Schweigen verschanzen? Ihrem Kind gegenüber sagen, wie schlecht Sie über das Schulsystem im Allgemeinen und die Lehrerinnen und Lehrer im Besonderen denken? Oder in der Schule einen Skandal entfachen, wenn es nicht die Noten bekommt, die es selbstverständlich verdient? Wozu sollte das gut sein? Den Interessen Ihres Kindes wäre damit sicherlich nicht gedient. Die beiden wichtigsten Orte in seinem Leben sind nun mal sein Zuhause und die Schule, und eine solche Spaltung kann ihm nicht gut tun.

Was Ihr Kind unbedingt braucht, ist ein Klima des Vertrauens zwischen allen Beteiligten, nicht nur zwischen Eltern und Kind auf der einen und Schule und Kind auf der anderen Seite. Es muss spüren, dass zwischen Familie und Schule eine Verbindung besteht, und darf nicht den Eindruck haben, eine Grenze zu überschreiten, wenn es in die Schule geht oder von der Schule nach Hause kommt. Nur so kann ein gutes Klima entstehen und nur so lassen sich Konflikte vermeiden. (Obwohl natürlich manche Konflikte den Vorteil haben können, festgefahrene Situationen aufzubrechen.) Eine Spaltung zwischen Familie und Schule bedeutet ein wirkliches Hindernis für seinen schulischen Erfolg, denn sie hindert das Kind daran, sich in die Zukunft hinein zu entwerfen.

Wir alle projizieren unsere Erlebnisse spontan in die Zukunft. Und wenn wir etwas behalten wollen, versuchen wir, uns dies dadurch einzuprägen, dass wir Vorstellungen, Bilder in die Zukunft projizieren.

Aber wenn es in unserem Leben zu einem Bruch kommt (durch plötzliche Arbeitslosigkeit, vorzeitigen Ruhestand, Scheidung, Tod eines Familienangehörigen etc.), den wir bewusst oder unbewusst nicht akzeptieren, dann gibt es, zumindest für den Augenblick, für eine imaginäre Zukunft keinen Platz.

Sie als Eltern können Ihrem Kind dabei helfen, dass die Schule zu einem Ort seiner Zukunft wird, aber Sie können es auch davon abbringen. Damit es Lust bekommt, etwas zu lernen, muss es die Schule in eine Zukunftsperspektive einbeziehen können. Sie muss ihm als ein Ort erscheinen, an dem es Kenntnisse erwerben und sich entfalten kann. Dafür müssen Sie Vertrauen in die Schule haben und dieses Vertrauen Ihrem Kind auch zeigen.

Manche Kinder erhalten von ihren Eltern eine ambivalente Botschaft, die man folgendermaßen karikieren könnte: »Die Schule ist zu nichts nütze. Aber Du musst in der Schule gut arbeiten« oder: »Der Unterricht ist sehr schlecht organisiert. Aber Du musst in der Schule gut arbeiten« oder: »Deine Lehrer sind Nieten. Aber Du musst in der Schule gut arbeiten«. Diese doppelbödige Botschaft kann das Kind in seinen Vorstellungen nicht umsetzen. Wenn ihm die Schule als etwas dargestellt wird, das zu nichts nütze ist, kann es das, was dort passiert, nicht in seine imaginäre Zukunft integrieren und seine schulischen Aktivitäten nicht mit irgendwelchen Zukunftsperspektiven oder Zielen verbinden. Unvermeidlich werden seine Eltern dann zu hören bekommen, dass ihr Kind nicht aufpasst, sich nicht für den Unterricht interessiert oder nicht besonders intelligent sei, was sie unweigerlich in ihrer schlechten Meinung über das Schulsystem bestärken wird. Damit das Verhältnis Eltern–Schule–Kind wirklich ein vertrauensvolles Verhältnis ist, darf die Schule auch nicht als notwendiges Übel erscheinen: »Du musst Dein Abitur machen. Ich weiß, Lernen macht keinen Spass, aber so ist es nun mal. Wenn man Erfolg haben will, braucht man ein Diplom. Also arbeite, Du wirst mir später dankbar sein.« Wie soll man sich an ein so weit entferntes Ziel halten, wie soll man sich eine für die Gegenwart so dürftige Perspektive zu eigen machen? Ganz zu schweigen davon, dass wir zu einem großen Teil durch unsere geistigen Gewohnheiten bestimmt sind. Wie werden die geistigen Gewohnheiten eines erwachsenen Menschen aussehen, der so indoktriniert wurde? Er wird die größten Schwierigkeiten haben, seinem Beruf einen Sinn zu geben. Er wird sich dazu zwingen, »seine Pflicht zu tun«, ohne Begeisterung und ohne Eigeninitiative. Man kann sich nicht darauf vorbereiten, später aktiv und zufrieden zu sein, indem man etwas passiv erduldet und sich zu Tode langweilt. Wir sollten auch nicht vergessen, dass die Schule nicht nur der Ort ist, an dem zumindest über einen Teil der Zukunft unserer Kinder entschieden wird, sondern auch und vor allem der Ort, an dem sie ihre Gegenwart erleben, wo sie ihre schulischen Erfolge und Misserfolge intensiv zu spüren bekommen und ein soziales Leben entwickeln. Und schließlich ist die Schule der Ort par excellence, der Zugang zur Kultur bietet, nicht nur für den späteren Beruf, sondern auch einfach aus Lust am Lernen. Lassen wir unseren Kindern diese Lust am Lernen? Regen wir sie dazu an, voll davon zu profitieren? Oder sind wir zu sehr in Sorge um ihre Zukunft und die Perspektiven ihrer Studien, um uns den Gedanken zu gestatten, dass nicht nur das Ziel, sondern auch der Weg den Reiz einer Reise ausmacht? Heißt das, dass man der Schule völlig unkritisch gegenüberstehen und prinzipiell davon ausgehen sollte, dass alles, was dort geschieht, perfekt ist und dass man nichts dagegen einwenden kann, dass man sich vor allem nicht einmischen darf? Wir sollten nicht von einem Extrem ins andere fallen.

Wie sieht also die »richtige« Haltung aus? Dazu Michael, 35 Jahre, Geschichtslehrer: »Im Prinzip treffe ich mich gerne mit den Eltern und ich wünschte, ich hätte mehr Gelegenheit dazu. Ich mag die jungen Leute, die mir anvertraut sind. Ich liebe meinen Beruf, unterrichte gerne Geschichte und finde es interessant, den jungen Leuten geschichtliche Phänomene näherbringen zu können. Deswegen bin ich unbedingt dafür, mich mit den Eltern über Themen, die mir am Herzen liegen, auszutauschen. Und trotzdem bin ich nach diesen Gesprächen häufig enttäuscht. Ich muss sagen, dass – von wenigen Ausnahmen abgesehen – die Eltern mich nur dann aufsuchen, wenn etwas nicht stimmt, und dieses etwas, das sind die Noten. Das ist schade, denn ich habe Schülerinnen und Schüler, die gut sind, aber noch besser sein könnten. Auch das wäre ein Gespräch wert. Zu 90% sind es die Mütter, die kommen. Vielleicht haben die Väter keine Zeit. Was die Eltern wollen? Das ist sehr unterschiedlich. Manchmal, und das frustriert mich am meisten, wollen sie ganz einfach die Versiche-

222

rung, dass ich ihren Sohn oder ihre Tochter nicht daran hindern werde, in die nächste Klasse zu gelangen. ›Verstehen Sie, in anderen Fächern hat er gute Noten, es wäre schade, wenn ...‹ Das heißt, eine schlechte Note in Geschichte spielt keine Rolle, man kommt zu mir, um einen Passierschein zu erhalten. Andere kommen auf der Suche nach einem Verbündeten. Was ich sage, hat in diesem Fall keine große Bedeutung. Sie verfolgen die zweifache Absicht, mir zu erklären, was mit dem jungen Menschen nicht stimmt (»Er ist intelligent, aber ...«), und diesem dann, wenn sie nach Hause kommen, sagen zu können: ›Siehst Du, Dein Lehrer gibt mir Recht, er sagt auch, dass Du nicht genug arbeitest.‹ Wiederum andere sind bedingungslose Verbündete ihrer Kinder. Sie prüfen mich, um in meiner Persönlichkeit oder in dem, was ich sage, den Grund für die schlechten Noten zu finden. Ich höre sie, wie sie nach Hause kommen und sagen: ›Ich habe seinen Geschichtslehrer gesehen, ich kann Dir sagen, jetzt verstehe ich alles.‹ An solchen Tagen mache ich eine richtige Inspektion durch. Aber dann gibt es zum Glück noch die Eltern, die mich aufsuchen, um sich mit mir auszutauschen und mit mir gemeinsam zu überlegen. Das ist fantastisch. Ich habe mit erwachsenen Menschen zu tun, die ohne Hintergedanken zu mir kommen und sich mit mir gemeinsam bemühen, das Kind zu verstehen und in seinem Interesse zu handeln. Diese Eltern interessieren sich nicht nur für seine Noten, sondern auch für die Entwicklung seiner Fähigkeiten. Sie sagen mir ihren Standpunkt als Eltern mit allen Gefühlen, die dabei ins Spiel kommen.

Ich sage ihnen meinen Standpunkt als Lehrer und ich habe mehr Abstand, weil es nicht mein Kind ist. Auf beiden Seiten sehen wir danach das Kind in einem anderen Licht und haben mehr an der Hand, um es in seiner Entwicklung weiterbringen zu können.«

Schluss:
Lernerfolg ist lernbar!

Ralfs Mutter lässt entmutigt das Schulbuch fallen. Ihr kleiner Sohn hat schon unwillig geantwortet, dass Ball mit »B« beginnt, um dann zu behaupten, dass Pullover auch mit »B« beginne, und auf die Frage: Womit beginnt »Kuchen«? antwortet er jetzt: »Ich weiß nicht. Gibt es Tarzan im Fernsehen?« In diesem Moment greift der große Bruder ein.

»Möchtest Du wissen, ob es heute nachmittag eine Sendung mit Tarzan gibt?« – »Ja, bitte.« – »Und wie soll ich das wissen?« – »Du schaust in die Zeitung.« – »Komm, wir blättern darin und schauen uns die Titel an. Hier steht ›Politik‹, das ist es also nicht. Und hier, was steht auf dieser Seite?« – »Fußball, denn hier ist ein Foto von einem Tor. Und hier ist auch ein Fahrrad.« – »Und wie nennt man das? Fußball und Fahrrad, was ist das?« – »Sport. Das ist Sport.« – »Bravo, Ralf, hier steht ›Sport‹. Und auf dieser Seite?« – »SF1, hier steht SF1, und hier ist die 2 vom zweiten Programm ...« – »Ja, und hier oben, was ist das?« – »Ich weiß, ich weiß ... F und e und r und n ... das gibt Fernsehen.« – »Gewonnen. Wo also muss man nach Tarzan suchen?«

Ralf hat soeben verstanden, dass es nützlich ist, lesen zu können. Damit hat das Lesenlernen für ihn einen Sinn bekommen. Später wird er noch etwas anderes entdecken, nämlich dass Lesen auch Spaß machen kann. Mit Begeisterung wird er alles lesen, was ihm zwischen die Finger kommt, Kataloge, die Werbung auf den Cornflakes-Schachteln und natürlich auch richtige Bücher. Wenn ein Kind lesen lernt, macht es einen großen Schritt in Richtung Selbständigkeit. Von jetzt an sollten wir den Dingen, die es lernt, einen Sinn geben. Wir sollten es bitten, uns davon zu erzählen, und ihm zuhören, ohne es ständig zu korrigieren.

Dass Lernen nicht immer leicht ist, sollten wir zugeben und die Schwierigkeiten weder leugnen noch dramatisieren. Unsere Kinder dürfen diese Schwierigkeiten nicht als Probleme erleben, sondern als Gelegenheiten, an denen sie wachsen können. Dies ist auch der beste Weg, sie auf die Zukunft vorzubereiten. Denn unsere Kinder müssen in der Lage sein, ihr ganzes Leben lang zu lernen und sich auf Neues einzustellen. Es ist durchaus möglich, dass sie ihren Beruf nicht immer ausüben können, sondern einen anderen erlernen müssen, den es heute noch gar nicht gibt. Wir wissen, dass Aufgaben, die kein intellektuelles Engagement erfordern, immer mehr von Computern erledigt werden. In Zukunft wird jede Tätigkeit, ob intellektuell oder manuell, Intelligenz und Kreativität erfordern, das heißt, einen intellektuellen Mehrwert voraussetzen. Es ist daher unsere Aufgabe, unseren Kindern zu zeigen, wie sie ihre geistigen Strategien kennenlernen und optimieren können. Die Zukunft ist nicht festgelegt. Es war vielleicht noch nie so notwendig wie heute, erfinderisch und kreativ zu sein.

Wir bekommen häufig ein ideales Erfolgsrezept präsentiert. Dieses Rezept mag verführerisch sein, aber es ist deshalb nicht unbedingt für uns geeignet. Wenn wir es imitieren wollen, riskieren wir, enttäuscht zu werden und unsere eigenen Möglichkeiten zu verpassen. Es ist Sache jedes Einzelnen, sich Ziele zu setzen und diese gegebenenfalls in Frage zu stellen. Man sollte dabei auf seinen Kopf und sein Herz hören. Unsere Kinder haben Talente und es ist unsere Aufgabe als Eltern, sie dabei zu unterstützen, diese Talente voll auszuschöpfen. Sie haben ein Potenzial an Intelligenz, an Energie, an Begeisterungsfähigkeit, an Kreativität. Aus diesem Potenzial können sie einen gewaltigen Nutzen ziehen, sie können es aber auch brachliegen lassen.

Lernerfolg ist lernbar. Er ist nicht das Resultat einer angeborenen Begabung, die ist allenfalls einigen wenigen vorbehalten. Natürlich lässt sich der familiäre Kontext nicht mit dem der Schule vergleichen. Eine Lehrerin oder ein Lehrer hat zwanzig oder dreißig Schülerinnen und Schüler vor sich und muss ein bestimmtes Programm vermitteln. Eltern hingegen erleben mit ihren Kindern Zeiten einer privilegierten Beziehung. Damit diese Augenblicke wirklich gewinnbringend sind, sollten sie zwei extreme Positionen vermeiden: sich von der Schule abhängig zu machen oder sich völlig von ihr abzukapseln. Von Abhängigkeit könnte man sprechen, wenn die Familie gewissermaßen zu einer Filiale der Schule würde, indem sie das Kind dazu zwingt, ständig alles wiederzukäuen, oder wenn sie zu einer Art Klinik würde, in der die Verletzungen seiner Eigenliebe behandelt werden, oder wenn sie zu dem Ort würde, an dem es sich für alle Frustrationen revanchiert, die es im Laufe des

Schultags erleiden musste. Und sie würde sich von der Schule abkapseln, wenn sie eine gewisse Kulturverachtung an den Tag legte, sich ihren Launen oder momentanen Stimmungen hingäbe oder ihre Zeit damit verbrächte, die Übel der Gesellschaft zu denunzieren.

Wie also lässt sich das rechte Maß finden? Wir sollten unsere Kinder nicht allein lassen, ob sie selbständig sind oder nicht. Wir sollten mit ihnen reden, über ihre Erfolge und über ihre Schwierigkeiten. Auch wenn sie uns nicht bitten, ihnen zu helfen, sollten wir ihnen zu verstehen geben, dass wir für sie da sind. Aber wir sollten ihnen auch dabei helfen, selbständig zu werden. Wenn wir ihnen allzu sehr »im Nacken sitzen« oder ihre Arbeit für sie erledigen, werden sie nicht in die Lage versetzt, allein zurechtzukommen, wenn wir einmal nicht mehr für sie da sind.

Aber wenn in der Schule rein gar nichts klappt? Dann müssen wir etwas anderes finden, was ihnen gut gelingt, und zu verstehen suchen, wie sie es anstellen, damit wir ihnen ihre Möglichkeiten bewusst machen können. Es gibt Schulpsychologen, die mit den Kindern nicht über die Schule sprechen. Sie setzen nicht bei den Fächern an, in denen das Kind Schwierigkeiten hat. Und trotzdem macht das Kind in eben diesen Fächern häufig Fortschritte. Das bedeutet nicht, dass wir unseren Kindern nicht bei ihren Hausaufgaben helfen sollen, aber in unserer Rolle als Eltern, nicht in der Rolle der Lehrerin oder des Lehrers. Natürlich gibt es Tage, an denen wir nicht genau wissen, wohin das führt. Und selbstverständlich sind auch unsere eigenen geistigen Strate-

[Handschriftliche Randnotiz: HILFE ZUR SELBSTVERANTWORT.]

228

gien weit davon entfernt, ideal zu sein. Wir selbst sind alles andere als perfekt. Zum Glück für unsere Kinder. »Vollkommenheit, wie langweilig!« sagte Robert Doisneau. Wir sollten nicht darauf warten, alles zu wissen, um etwas weiterzugeben. Und wir sollten nicht darauf warten, alles richtig zu machen, um es *mit ihnen* zu machen.

Aber wenn doch unsere eigenen geistigen Strategien alles andere als perfekt sind? Indem wir uns vornehmen, sie unseren Kindern zu erläutern, können wir sie selbst besser verstehen. Wenn wir von ihnen verlangen, sich in ihnen zu üben, zwingen wir uns dazu, dies selbst auch zu tun. Damit ermöglichen wir ihnen nicht nur, ihre Lektion für morgen zu lernen, sondern auch zu lernen, wie man lernt, und vor allem, gerne zu lernen. Lernerfolg ist lernbar!

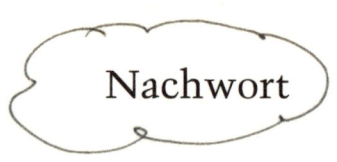

Nachwort

Es gehört zu den wesentlichen Fähigkeiten, die jedem vermittelt werden sollten, aufmerksam zu sein, sich etwas einzuprägen, etwas zu verstehen, über etwas nachzudenken und sich etwas vorzustellen. Die Wahl eines Berufes, die Entscheidung für einen bestimmten Lebensweg ist ein ganz persönlicher Akt. Auf Eltern und Erzieher wird um so mehr gehört, je deutlicher sie diese ganz persönliche Wahl respektieren. Ein Kind, das spürt, dass seine Eltern nicht an seiner Stelle entscheiden, sondern ihm nur behutsam dabei helfen wollen, zu seiner eigenen Entscheidung zu finden, wird ihnen dankbar sein.

Die Familie sollte sich nicht zum Sklaven der Schule machen, sie aber auch nicht ignorieren. Wenn die erzieherische Aufgabe der Eltern im Wesentlichen in der Erziehung zur Mündigkeit zu sehen ist, sollten diese die Übertreibungen und Versäumnisse, die eine falsche Einstellung gegenüber der Schule mit sich bringt, zu vermeiden suchen. Die Familie sollte den Kindern zwei Kardinaltugenden vermitteln, deren Verbindung ihre Stärke ausmacht: *Eigeninitiative* und *Selbstkontrolle.*

Zu den Übertreibungen gehört, dem Kind im Namen der Schule eine Selbstkontrolle aufzuzwingen, ohne seine Eigeninitiative zu berücksichtigen. Zu den Versäumnissen gehört, das Kind seiner spon-

230

tanen Eigeninitiative zu überlassen, ohne diese der Selbstkontrolle zu unterstellen. Wenn man nicht stimuliert wird durch das Gefühl, in eigener Initiative sich seiner selbst bewusst werden zu können, hat man in der Tat keinen Grund, sich zu kontrollieren. Und wenn man sich nicht kontrolliert, kann man sich seiner selbst nicht wirklich bewusst werden. Diese beiden »Tugenden« bedingen sich daher wechselseitig.

Sie mögen sich als Eltern fragen: Welche kommt zuerst? Natürlich die Selbstkontrolle, sagen die einen. Wenn man sich nicht beherrschen kann, ist man seinen Trieben und seinen Bedürfnissen ausgeliefert. Wirkliche Eigeninitiative ist dann nicht möglich. Man hat keinen Grund, sich zu kontrollieren, sagen die anderen, wenn man nicht in seinem Inneren den Drang verspürt, selbst die Initiative zu ergreifen. Beide Ansichten sind richtig. Es gibt Menschen, deren Eigeninitiative dadurch geweckt wird, dass sie die Selbstkontrolle kultivieren. Und es gibt andere, für die die Selbstkontrolle dadurch einen Sinn bekommt, dass sie an die Eigeninitiative appelliert.

Wenn diese Unterschiede innerhalb der Familie nicht anerkannt werden, kann man leicht die Konsequenzen absehen und das daraus resultierende Konfliktpotenzial. Und man kann sich die Vorwürfe vorstellen: »Du bist nicht offen für neue Ideen. Du bist ein Miesmacher!« oder: »Du idealisierst alles. Du hast kein kritisches Bewusstsein.« Dieser Unterschied ist von einer Bedeutung und Reichweite, die den wesentlichen Punkt betreffen: die Erziehung zur Mündigkeit. Diese ist differenziert zu sehen, denn jedes Individuum gelangt auf seine eigene Weise dorthin.

Eltern, die ihr pädagogisches Handeln auf dieser Ebene ansiedeln, verschaffen dem Kind die notwendige Basis, um sich mit der Welt und mit sich selbst in Einklang befinden zu können. Hier hat die Schule ihren Ort. Sie wird von der Familie weder ignoriert noch lässt diese sich von ihr vereinnahmen. Die persönliche Entwicklung des Kindes wird weder unterdrückt noch völlig sich selbst überlassen.

 *In der Erde wurzeln und nach den Sternen greifen,* so könnte man den pädagogischen Grundgedanken formulieren.